365 Tipps für einen schönen Tag in Hamburg

365 Tipps für einen schönen Tag in Hamburg

Ellert & Richter Verlag

Hamburger Abendblatt

Inhalt

Vorwort

Selbst ausgewiesene Hamburg-Kenner werden in diesem Buch Neues entdecken. Der Ellert & Richter Verlag hat in Zusammenarbeit mit dem Hamburger Abendblatt für Sie – ohne Anspruch auf Vollständigkeit – 365 Tipps für einen schönen Tag in Hamburg ausgewählt. Also einen für jeden Tag des Jahres. Sie erfahren:
Von wo haben Sie den schönsten Blick auf die Stadt? Wo findet man die urigste Kneipe? Was bedeutet Kaltehofe? Wo komme ich den startenden und landenden Flugzeugen ganz nahe? Warum heißt der Schulgarten so? Und wer bietet zur Zeit den besten Burger und das coolste Eis der Stadt an? Wo ist es am hippsten? Was ist los in der Kultur? Und so weiter, und so weiter ...
Ein Buch für all jene, die Hamburg gut zu kennen glauben und die neugierig auf die Stadt und ihre geheimen, aber auch bekannten Orte sind. Natürlich sind unsere Tipps nur Anregungen, damit Sie sich einen schönen Tag oder entspannte Stunden in unserer großen und lebendigen Metropole machen können.
Sie, liebe Leser, möchten wir bitten, uns auch Ihre Lieblingsorte mitzuteilen und diese per Email an presse@ellert-richter.de zu senden.
Wir werden, soweit möglich, diese in die nächste Auflage dieses Buches integrieren.

Ihr Lars Haider
Chefredakteur
Hamburger Abendblatt

City und Binnenalster

Altstadt
Neustadt
St. Georg
St. Pauli

1 **Erleben**
Altstadt

Das versteckte Zimmer des Rathauses

Die Laube des prachtvollen Hamburger Rathauses wird nicht bei jeder Führung präsentiert. Dabei möchte man sie nicht missen, die verzierten Fenster mit Glasmalereien und Seefahrtmotiven sind einmalig schön. Ebenso die Wandkacheln in Delfter Blau, deren Motive auch die Schlösser Bergedorfs und Ritzebüttels präsentieren. Also nur Mut, fragen Sie nach der Laube!

Hamburger Rathaus
Rathausmarkt 1
20095 Hamburg
T. 040 428 31 20 64
www.hamburg.de/rathausfuehrung
Führungen Mo–Fr 11–16 Uhr (Schulferien ab 10 Uhr), Sa 10–17 Uhr, So 10–16 Uhr jede halbe Stunde (Januar/Februar jede volle Stunde)

2 **Entdecken**
Altstadt

Der schönste Raum der Stadt

Mit seinen 664 Quadratmetern Fläche und 25 Metern Höhe ist der Mittlere Börsensaal die größte Halle des eindrucksvollen, direkt hinter dem Rathaus gelegenen Handelskammergebäudes und sicherlich einer der schönsten Räume der Stadt. Wenn keine Veranstaltungen stattfinden, kann man ihn tagsüber besichtigen. Sehen Sie sich unbedingt auch im links daneben liegenden Raum das „Haus im Haus" an. Dabei handelt es sich um einen 1000 Quadratmeter großen und fünfgeschossigen Kubus, der in der Luft zu schweben scheint. Im Erdgeschoss hängen großartige und riesige Modelle alter Konvoischiffe wie der Wapen von Hamburg von 1669, die im 17. Jahrhundert zur Bekämpfung der Piraterie die Hamburger Handelsschiffe schützte.

Handelskammer Hamburg
Adolphsplatz 1
20457 Hamburg
www.hk24.de
geöffnet Mo–Do 8–17 Uhr,
Fr 10–16 Uhr

3 Erleben
Neustadt

Aus zweiter Hand und trotzdem erste Wahl

Erstklassiges aus zweiter Hand von Versace, Armani, Gucci, darüber freuen sich modebewusste Männer und Frauen nach wie vor. Vintage kommt irgendwie nie außer Mode. Erstklassige Second-Hand-Kleidung bietet das Secondella in der City. Hier kann sich jeder komplett einkleiden und wie von gestern aussehen – und das ist durchaus positiv gemeint!

Secondella
Hohe Bleichen 5
20354 Hamburg
T. 040 35 29 31
www.secondella.de
Mo–Fr 10–19 Uhr, Sa 10–18 Uhr

4 Entdecken
Altstadt

Ein Stadtrundgang auch für Einheimische

Eine kostenlose Tour durch die Innenstadt macht auch Hamburgern Spaß, denn die New Hamburg Tour bietet viel Persönliches der Guides. Anstatt auswendig gelernten Standardinfos erzählen Menschen aus aller Welt auf Englisch ihre Geschichten in der Hansestadt. Das ergibt ganz neue Blickwinkel auf die üblichen Touristenspots. Über Trinkgeld freuen sich die Führer natürlich trotzdem.

Kostenlose Stadtführung auf Englisch
Start am Rathausmarkt
www.neweuropetours.eu/hamburg
Rundgänge tgl. 11 und 14 Uhr

5 Entdecken
Altstadt

Alles ist im Fluss, miteinander verbunden

Ein wichtiger Unterschied zwischen Berlin und Hamburg: Berlin ist auf einem Sumpfgebiet entstanden. Hamburg dagegen war und ist eine Flusslandschaft, in der alle Gewässer harmonisch miteinander verbunden sind. Das bezeugt ein Spaziergang vom Jungfernstieg zur Kleinen Alster am Rathausmarkt, dann weiter entlang den Alsterarkaden und dem Alsterfleet bis zum Alsterschöpfwerk an der Schaartorbrücke. Diese kleine Tour ist ein Stadtbummel und eine spannende historische Entdeckungstour der Stadtgeschichte zugleich.

Spaziergang vom Jungfernstieg zur Kleinen Alster

Hamburger Abendblatt

6 Entdecken
Altstadt

Den Zeitungsmachern über die Schulter schauen

Seit 2015 sitzt das „Hamburger Abendblatt“ am Großen Burstah, direkt hinter dem Rathaus. Falls Sie mal sehen möchten, wie Norddeutschlands größte Regionalzeitung entsteht, ist das möglich. Kleine Gruppen von Abonnenten werden regelmäßig durch die Flure geführt.

Redaktion des Hamburger Abendblatts
Großer Burstah 18–32
20457 Hamburg
T. 040 347 00
Anmeldungen per E-Mail an
leserbotschafter@abendblatt.de
www.abendblatt.de
Mo–Fr 9–19 Uhr, Sa 10–16 Uhr

7 Entdecken
Altstadt

Hamburgs ältestes Kunstwerk

Am linken Flügel des Hauptportals der St.-Petri-Kirche befindet sich Hamburgs ältestes Kunstwerk –- der bronzene Türzieher mit Löwenkopf. Er entstand bald nach 1342. Die Umschrift überliefert, dass in demselben Jahr die Fundamente für den Turm gelegt wurden. St. Petri ist die älteste der fünf Hamburger Hauptkirchen. Die erste Petrikirche wurde 1195 als „Marktkirche“ erstmals urkundlich erwähnt. Sie geht vermutlich auf eine bei der Hammaburg errichtete Taufkirche zurück. Wenn Sie den 132 Meter hohen Turm besteigen wollen, müssen Sie zuvor 544 Treppenstufen erklimmen. Die Mühe lohnt sich! Der Blick von dort oben auf Rathaus und Stadt ist nicht zu toppen.

Hauptkirche St. Petri
Bei der Petrikirche 2
20095 Hamburg
www.sankt-petri.de

8 Genießen
Altstadt

Frankreich in Hamburg

Im Café Paris pulsiert das Leben. Die Szenerie ist südländisch locker, ausgelassen und weltstädtisch. Besonders schön: der große Saal mit seiner original erhaltenen Jugendstildecke. Nicht nur Frankophile fühlen sich hier wohl. Zumal das Essen trotz der Küche, die von 9 Uhr morgens (Frühstück mit leckeren Croissants), einem Mittagstisch und einer ambitionierten Abendkarte bis Mitternacht Langstrecke arbeitet, wirklich gut ist. Unbedingt probieren: das Tartar du Chef, das am Tisch zubereitet wird.

Café Paris
Rathausstraße 4
20095 Hamburg
T. 040 32 52 77 77
www.cafeparis.net
Mo–Fr 9–23.30 Uhr,
Sa 9.30–23.30 Uhr

9 Entdecken
Altstadt

Kaffee mit historischem Ausblick

Aufs Wasser schauen beim Kaffeetrinken kann man in Hamburg natürlich vielerorts, aber eine Bäckereifiliale bietet gar einen Abstieg in die Stadtgeschichte. Das ist wohl einmalig: Bei „Dat Backhus“ direkt hinter der Petrikirche am Speersort gibt es oben Brot und unten Stadthistorie. Im Untergeschoss bietet sich dem Cafébesucher ein spektakulärer Blick auf ringförmige Fundamente des ältesten erhaltenen Steingebäudes der Altstadt – des Bischofsturms aus dem 12. Jahrhundert von Erzbischof Bezelin Alebrand. Tafeln erklären die Details, denn wer hätte es gedacht: Diese Bäckerei ist eine Außenstelle des Archäologischen Museums! Ziemlich coole Angelegenheit.

Schauraum Bischofsturm
Speersort 10,
Eingang „Dat Backhus“
20095 Hamburg
www.amh.de
Mo–Fr 7–19 Uhr, Sa 7–18 Uhr

10 Genießen
Altstadt

Das höchste Café Hamburgs

Die Hauptkirche St. Jacobi verbirgt sich etwas unscheinbar zwischen Steinstraße und Mönckebergstraße, hat aber wie die anderen großen Gotteshäuser der Stadt auch eine Besonderheit: das Turmcafé, in dem es Kaffee und Kuchen gepaart mit herrlichem Blick gibt. Immer am ersten Sonnabend des Monats von 12 bis 18 Uhr kann man hier hinaufsteigen.

Turmcafé St. Jacobi
Jakobikirchhof 22
20095 Hamburg
T. 040 303 73 70
www.jacobus.de

11 Genießen
Altstadt

Majestätische Tiere im Afrikahaus

Die besten Hamburger verlangen nach dem besten Fleisch! Das Black-Angus-Beef schätzen Experten besonders, am besten als Steak genossen. Hier schafft das Estancia Abhilfe, mit schlichter Einrichtung, richtig freundlicher Bedienung – und sagenhaft gutem Essen! Wer es zur Mittagszeit hierher schafft, muss zwar um einen Platz kämpfen, kommt aber etwas günstiger zum Genuss. Ein ästhetischer Genuss ist das Gebäude, in dem das Restaurant liegt, das 1899 von Martin Haller für die Reederei Woermann errichtete Afrikahaus.

Estancia Steaks
Große Reichenstraße 27
20457 Hamburg
T. 040 30 38 42 80
www.estancia-steaks.com
Mo–Fr 12–15 und 17.30–22 Uhr, November bis April auch Sa 17.30–22 Uhr

12 Erleben
Altstadt

Hoch hinaus aufs Mahnmal

Hamburg von oben lässt sich nicht nur von den Tanzenden Türmen oder der Michaeliskirche aus erleben! Oben auf dem Mahnmal St. Nikolai kann man zudem Geschichte atmen. Einst predigte der Luther-Vertraute Johannes Bugenhagen in der Nikolai-Kirche, die 1842 durch den Großen Brand in Hamburg zerstört und dann wieder aufgebaut wurde. Doch 1943 wurde sie wieder zerstört, durch Luftangriffe im Zweiten Weltkrieg. Mit dem gläsernen Aufzug geht es heute zu einer Aussichtsplattform in 76 Metern Höhe auf der als Mahnmal erhaltenen Turmruine.

Mahnmal St. Nikolai
Willy-Brandt-Straße 60
20457 Hamburg
T. 040 37 11 25
www.mahnmal-st-nikolai.de
Mai bis September tgl. 10–18 Uhr, Oktober bis April 10–17 Uhr

13 Entdecken
Altstadt

Alt-Hamburg hat am Fleet überlebt

Spaziert man die große Straße Bei den Mühren entlang, um den Blick auf die Speicherstadtfassaden gegenüber zu genießen, kann man sie glatt übersehen: Auf der Cityseite windet sich entlang eines Fleets die Deichstraße, die den Großen Brand von 1842 und den Zweiten Weltkrieg überlebt hat. Die barocken Fassaden und Fachwerkhäuser stammen noch aus dem 18. Jahrhundert und geben einen wunderbaren Eindruck, wie das alte Hamburg einmal ausgesehen hat.

Deichstraße
20459 Hamburg
U3 bis Rödingsmarkt

Fleet an der Deichstraße

14 **Erleben**
Altstadt

Ein Haus wie ein Schiff

Es ist eines der bedeutendsten Bauwerke seiner Zeit – und zugleich eines der ungewöhnlichsten. Das Chilehaus mit seiner einem Schiffsbug gleichenden Ostfassade wurde 1922–24 als Kontorhaus von dem berühmten Architekten Fritz Höger errichtet und gilt als Ikone des Expressionismus in der Architektur. Zusammen mit dem gesamten Kontorhausviertel und der Speicherstadt wurde es 2015 ins UNESCO-Weltkulturerbe aufgenommen. Um den massigen Gesamteindruck des Klinkerbaus abzumildern, dessen 36 000 Quadratmeter Geschossfläche sich über zehn Stockwerke verteilen, gestaltete Höger die oberen Stockwerke als Staffelgeschoss. Das extravagante Bauwerk sollten Sie nicht nur von außen bewundern. Gehen Sie hinein – möglichst durch Portal A oder B von der Fischertwiete. Beide Treppenhäuser sind Kunstwerke, die sich zwar nicht in ihrer räumlichen Aufteilung, aber in den Materialien, mit denen die Wände verkleidet sind, unterscheiden.

Chilehaus
Fischertwiete 2
20095 Hamburg
www.chilehaus.de

15 Entdecken
Altstadt

Hier wird Schokolade gemacht

Bevor sie zur süßen braunen Köstlichkeit werden, sind Kakaobohnen im Rohzustand mehlig bis sauer und sehen glibberig aus. Wie viel Arbeit in der Schokolade steckt, ist daher besonders für Kinder eine lehrreiche Erfahrung, die man im Chocoversum am Meßberg machen kann. Hier lässt sich die Entstehung der Schokolade von der Bohne bis zur Tafel plastisch und interaktiv nachvollziehen, ein echtes Geruchs- und Geschmackserlebnis für Leckermäuler.

Chocoversum
Meßberg 1
20095 Hamburg
T. 040 41 91 23 00
www.chocoversum.de

16 Erleben
Altstadt

Antike Schätze aus aller Welt

In einer 100 Jahre alten früheren Blumenmarkthalle kommen Schatzjäger voll auf ihre Kosten. Egal ob Antiquitäten, kunstvoll gestaltete Gläser oder edles Tafelsilber, sogar Gedrucktes aus alten Zeiten – der Fundus des Antik-Centers ist erstaunlich. Im Untergeschoss der Halle am Klosterwall ist auch das Feilschen erlaubt.

Antik-Center
Klosterwall 9–21
20095 Hamburg
T. 040 522 52 61
Di–Fr 12–18 Uhr, Sa 10–16 Uhr

17 Erleben
Altstadt

Schutz der Geschichte

Im Zweiten Weltkrieg war der 1941 errichtete Tiefbunker Steintorwall beim Hauptbahnhof ein wichtiger Schutzraum für durchreisende Bahngäste. Bis heute kommen Neugierige hierher, um diesem Stück Geschichte nachzuspüren. Die rund 100-minütigen Führungen zeigen die 150 Räume und sind ebenso erhellend wie spannend. Denn nicht nur im Zweiten Weltkrieg spielte der Bunker eine Rolle, auch später im Kalten Krieg.

Tiefbunker am Steintorwall
20095 Hamburg
www.hamburgerunterwelten.de/Bunker-Hamburg-Hauptbahnhof.html

18 Erleben
Altstadt

Der größte Schatz der Hansestadt

Die Hamburger Kunsthalle ist eine der attraktivsten Galerien des Landes. Die Vielfalt ist riesig und einige der schönsten Werke der Welt sind hier zu sehen. Egal ob Alte Meister, Impressionisten, Surrealisten oder Gegenwartskunst, sie finden alle im frisch renovierten Bau am Hauptbahnhof Platz. Das eingebettete Restaurant-Café The Cube in der Galerie der Gegenwart ist übrigens auch ohne Eintrittskarte besuchbar und genießt einen guten Ruf. Aber vorher: Die Werke von Caspar David Friedrich bis Picasso bestaunen!

Hamburger Kunsthalle
Glockengießerwall
20095 Hamburg
T. 040 428 13 12 00
www.hamburger-kunsthalle.de
Di–So 10–18 Uhr, Do 10–21 Uhr

19 Genießen
St. Georg

Traditionsreich einen heben

Das Nagel direkt am Hauptbahnhof ist eine Hamburger Institution: Es besteht seit 1848. Sie wollen eine lokale Spezialität versuchen? Labskaus, Kesselgulasch, Eisbein, all das gibt es hier in einer echt rustikalen Einrichtung mit einigen skurrilen Details, wie dem Kotzbecken im Herrenklo. Keine Sorge, Sie werden es ganz sicher nicht benutzen müssen!

Nagel Restaurant und Kneipe
Kirchenallee 57
20099 Hamburg
T. 040 24 71 21
restaurant-kneipe-hamburg.de
tgl. ab 10 Uhr

20 Genießen
St. Georg

22 Uhr: beste Frühstückszeit

An der Langen Reihe in St. Georg geht es dank vieler Bars und Clubs gerne wild zu, da kann der Schlaf schon mal zu kurz kommen. Aber jeder Kater kann kuriert werden durch den „Schokotraum“. Das ist ein hausgemachter Schokoladenkuchen mit Vanilleeis und Sahne und ein Highlight im kleinen Café Koppel. Hier kann man zudem auch vegetarische und vegane Speisen genießen – und Frühstück bis 22 Uhr. Guten Morgen!

Café Koppel
Lange Reihe 75/Koppel 66
20099 Hamburg
T. 040 24 92 35
www.cafe-koppel.de
tgl. 10–23 Uhr

21 Erleben
St. Georg

Perfektes Augenmaß

Weniges stresst Männer so sehr wie der Einkauf neuer Klamotten – einen Anzug besorgen zu müssen grenzt an eine Katastrophe. Gut, dass es Policke Herrenkleidung in St. Georg gibt. Das ist quasi ein riesiger begehbarer Kleiderschrank, auf vier Etagen hängen in dichten Reihen mehrere Tausend Anzüge, Sakkos, Hosen, Mäntel, Fräcke und Smokings. Und das Beste: Die Mitarbeiter haben einen so geschulten

Blick, dass sie schon vom Sehen her meistens die richtige Größe und Passform für den Herrn herausfinden. So macht auch Männern Klamotten kaufen Spaß!

Policke Herrenkleidung
Böckmannstraße 1a, 2 und 56
20099 Hamburg
T. 040 28 40 95 90
policke1.p2-men.de
Mo–Fr 9.30–19 Uhr, Sa 9–15 Uhr

22 Entdecken
St. Georg

Zur heiligen Maria

Man kann nicht sagen, dass sich die heilige Maria versteckt, aber der ihr gewidmete Dom ist doch irgendwie im dicht bebauten St. Georg so geschickt verborgen, dass er einen schon, wenn man um die Ecke biegt, überraschen kann. Der neuromanische Bau aus dem Jahr 1893 ist seit 1995 Kathedralkirche des katholischen Erzbistums Hamburg. Entsprechend könnte auch der Weihrauchduft die Nähe des Doms verraten – immer der Nase nach!

St.-Marien-Dom
Am Mariendom 7
20099 Hamburg
T. 040 28 49 90 70
www.mariendomhamburg.de
tgl. 9–19 Uhr (Besichtigung nur außerhalb der Gottesdienstzeiten)

23 Erleben
Altstadt

Feierwütige Erwachsene unter sich

Okay, alkoholschwangere Flirts wird es hier bestimmt auch geben, keine Frage. Aber Freitagspartys im Jungbrunnen, mit dem Atisha kombiniert, haben einen Vorteil: Der Club für Erwachsene ab 30 beschallt dazu mit Partyklassikern und groovigen House- und Electro-Sounds. Eine willkommene Abwechslung zum Klischeegedudel samt immer gleichem Oldie-Einheitsbrei und Charts-Zeug.

Atishas Jungbrunnen
Live-Club Cascadas
Ferdinandstraße 12
20095 Hamburg
atisha-hamburg.de
jeden Fr ab 22 Uhr

24 **Erleben**
Altstadt

Sparfüchse bekommen große Ohren

Klassik ist in der Hansestadt nicht nur was für die Elite! Wenn der Geldbeutel gegen Ende des Monats leicht wird, muss man hier nicht auf große Werke verzichten, dafür sorgt die Hamburger Staatsoper – mit Konzerten für weniger als 5 Euro von einem der Hörplätze im vierten Rang aus. Zum Lauschen großer Stücke langt das völlig, zudem ist das HVV-Ticket am Tag der Veranstaltung im Eintritt inbegriffen.

Staatsoper Hamburg
Kartenservice
Große Theaterstraße 25
20354 Hamburg
T. 040 35 68 68
www.staatsoper-hamburg.de
Mo–Sa 10–18.30 Uhr

25 Erleben
Altstadt

Ein besonderes Antiquariat

Es liegt etwas versteckt am Ende einer kleinen Treppe und ist nicht nur was für Leseratten: Am Rande des Planten-un-Blomen-Parks an den Wallanlagen zwischen U-Bahnstation Stephansplatz und Bahnhof Dammtor befindet sich das Antiquariat Schaper. Ein richtig ungewöhnlicher Laden, in den man nach einer Joggingrunde oder einem Spaziergang wunderbar einkehren und sich umsehen kann.

Antiquariat Dietrich und Brigitte Schaper
Dammtordamm 4
20354 Hamburg
T. 040 34 50 16
www.antiquariat-schaper.de
Mo–Fr 11–19 Uhr, Sa 11–16 Uhr

26 Entdecken
St. Pauli

Sinfonie aus Licht und Wasser

Die besten Dates und das schönste Dinner-Picknick haben Hamburger im Sommer im Park Planten un Blomen. Hier trifft sich die Stadt nach Sonnenuntergang an der großen Teichlandschaft nahe des Fernsehturms, um sich ab 22 Uhr kostenlos die bunten Wasserlichtspiele anzuschauen. Fontänen tanzen dann im Takt klassischer Musik und sorgen für eine ganz besondere Atmosphäre.

Wasserlichtkonzerte in Planten un Blomen
St. Petersburger Straße 28
20355 Hamburg
www.plantenunblomen.hamburg.de
Mai bis August tgl. 22 Uhr, September 21 Uhr

27 Entdecken
St. Pauli

Schwitzen wie in den Tropen

Keine Scheu vor den auffälligen Gewächshäusern im zentralen Park Planten un Blomen! Hier dürfen nicht nur Forscher ein und aus gehen, sondern auch Besucher. Das Tropenhaus des Botanischen Gartens der Universität Hamburg hat allerlei exotische Pflanzen zu bieten, besonders die riesigen Kakteen sorgen immer wieder für Staunen. Bei freiem Eintritt kann man sich hier dank immer tropischer Temperaturen im Winter auch gut aufwärmen.

Tropenhaus in Planten un Blomen
Jungiusstraße
20355 Hamburg
März bis Oktober Mo–Fr 9–16.45 Uhr, Sa und So 10–17.45 Uhr, November bis Februar jeweils bis 15.45 Uhr

28 **Entdecken**
St. Pauli

Kurztrip nach Ostasien

Betritt man den japanischen Garten im Park Planten un Blomen, scheint sich die Zeit zu verlangsamen. Ostasiatische Flora windet sich an schmalen Pfaden entlang zwischen kleinen Hügeln und geschwungenen Kieselwegen, die das Tempo automatisch drosseln. Das Wasser plätschert, hier wird der Geist mit Zen-Energie gefüllt. Dazwischen das kleine Teehaus mit Holzterrasse am See. In dem Häuschen führt an manchen Sonntagen eine Teemeisterin in aller Ruhe die traditionelle japanische Teezeremonie durch.

Japanischer Garten & Teehaus
Planten un Blomen
Marseiller Straße 7
20355 Hamburg
www.plantenunblomen.hamburg.de
Teehaus geöffnet Mai bis September Di–Sa 15–18 Uhr, So ab 15 Uhr Veranstaltungen

29 Erleben
Neustadt

Noch mehr Modellbahn geht kaum

Wem das Miniatur Wunderland in der Speicherstadt zu überfüllt ist, der kann beim Verein Modelleisenbahn Hamburg vorbeischauen. Der betreibt im Museum für Hamburgische Geschichte eine historische Modellbahnanlage im Maßstab 1:32 (Spur 1). Die gibt es schon seit 1949, hier fahren die Züge auf 1200 Meter langen Gleisen durchs Museum. Dabei sind der Bahnhof Hamburg-Harburg, der Hamburger Hauptgüterbahnhof und die Pfeilerbahn.

Modelleisenbahn Hamburg e.V.
im Museum für Hamburgische Geschichte
Holstenwall 24
20355 Hamburg
T. 040 31 44 35
www.mehev.de
Di–So 10–17 Uhr

30 Entdecken
Neustadt

Kennen Sie Herrn Telemann?

Barock, da denken wir natürlich mit Recht und Fuge an Johann Sebastian Bach. Als Hamburger haben wir vielleicht noch seinen Sohn Carl Philipp Emanuel im Sinn, der von 1768 bis 1788 Musikdirektor der Hansestadt war. Dasselbe Amt übte sein Patenonkel Georg und Vorgänger Philipp Telemann (1681–1767), ein weiterer berühmter Barock-Komponist, 46 Jahre lang bis zu seinem Tod aus. Wie wichtig er für die Musik war, zeigt das Telemann Museum im neu geschaffenen KomponistenQuartier, das natürlich auch an Carl Philipp Emanuel Bach und weitere Hamburger Musik-Giganten wie etwa Johannes Brahms erinnert. Telemann liegt übrigens direkt unter dem Rathaus begraben. Wer genau hinschaut, entdeckt dort am Eingang auch eine Gedenkplatte für ihn.

Telemann Museum
KomponistenQuartier
Peterstraße 31
20355 Hamburg
T. 040 87 60 40 22
www.telemann-museum.de
Di–So 10–17 Uhr

31 Genießen
Neustadt

Erste Versuche mit Labskaus

So recht wissen viele nicht, was diese Pampe namens Labskaus eigentlich darstellen soll. Wer dem ursprünglich für Seeleute mit schlechten Zähnen erfundenen Traditionsgericht dennoch eine Chance geben will, tut dies am besten im Old Commercial Room. Denn hier werden günstige Probierportionen angeboten und sogar Zertifikate für Anfänger, denen die große Portion schmeckt. Ausgezeichnet!

Restaurant Old Commercial Room
Englische Planke 10
20459 Hamburg
T. 040 36 63 19
www.oldcommercialroom.de

32 Erleben
Neustadt

Dieser Ausblick ist legendär

Innen ist sie weiß, gediegen, von zarter Barockschönheit. Aber im Gegensatz zum Inneren kennt wohl jeder und jede Deutsche den stattlichen Turm der Hauptkirche Sankt Michaelis, liebevoll „Michel" genannt. Sie ist das Wahrzeichen der Stadt, 132 Meter hoch, die acht Meter große Turmuhr ist sogar die größte Deutschlands! Und von ganz oben, auf der Aussichtsplattform in 82 Metern Höhe, gibt es den tollsten Ausblick der City. Da lohnt das Bezwingen der 452 Treppenstufen – keine Sorge, einen Fahrstuhl gibt es auch.

Michel-Turm
Hauptkirche St. Michaelis
Englische Planke 1
20459 Hamburg
www.st-michaelis.de
Mai bis Oktober tgl. 9–20 Uhr,
November bis April 10–18 Uhr,
letzter Einlass 30 Min. vor Schließung

33 Erleben
Neustadt

Der große Michel in der Nacht

Am Tag ist die Aussicht meilenweit, aber nachts leuchtet der Hafen in den vielen Lichtern der Industrie und der touristisch belebten Seite bei den Landungsbrücken. Gut, dass man Hamburgs Wahrzeichen, die St.-Michaelis-Kirche, auch zu später Stunde noch erklimmen darf.

Zum spektakulären Ausblick gibt's klassische Musik und einen kleinen Drink.

Nacht-Michel
Hauptkirche St. Michaelis
Englische Planke 1
20459 Hamburg
www.nachtmichel.de
Im Sommer tgl. ab 19.30 Uhr bis 22.30 Uhr, Freitag und Sonnabend sogar bis 23.30 Uhr (in den anderen Monaten abweichende Zeiten)

34 Erleben Neustadt

Was für echte Gruftis

Wer schon einmal oben auf der St.-Michaelis-Kirche den Ausblick genossen hat, sollte sich auch in die Tiefen der prächtigen Hauptkirche wagen, denn hier kann man die Gruft besuchen. Die Krypta stammt aus dem Jahr 1750 und zählt zu den größten in Europa. Mehr als 2000 namentlich bekannte Tote sind hier begraben. Die Ausstellung „Michaelitica" illustriert die Geschichte der Kirche, eine zweite Ausstellung zeigt Grabfunde.

Michel-Krypta
Hauptkirche St. Michaelis
Englische Planke 1
20459 Hamburg
T. 040 376 70
www.st-michaelis.de

35 Entdecken
Neustadt

Es schlägt zehn von St. Michaelis

Zu den vielen Überraschungen der berühmten Hauptkirche St. Michaelis zählt seit mehr als 300 Jahren der Turmbläser. Der intoniert einen Choral in alle vier Himmelsrichtungen, womit früher die Öffnung der Stadttore verkündet wurde. Wenn Sie das auch heute einmal hören möchten, kommen Sie werktags um 10 und 21 Uhr an den Michelturm, sonntags um 12 Uhr, es schallt dann traditionell vom siebten Turmboden.

Michel-Turmbläser
Hauptkirche St. Michaelis
Englische Planke 1
20459 Hamburg

36 Genießen
Neustadt

Süden und Norden kurz mal vertauschen

Im Thämer's am Großneumarkt ist der Service schon mal etwas ruppig. Das gehört dazu, wird manch Hanseat unken, wenn man in eine Dependance der Weißwurstrepublik geht. Aber: Wem das Hofbräuhaus zu hektisch ist, der findet hier ein entspanntes Stück bayerische Bierkultur in Hamburg. In der urigen Mischung aus Kneipe und Gaststätte gibt es original Augustiner vom Fass, Flaschen auch zum Mitnehmen. Und im Sommer lässt sich auch draußen vor der Tür die Maß genießen.

Thämer's
Großneumarkt 10
20459 Hamburg
T. 040 34 50 77
www.thaemers.de

37 Erleben
Neustadt

Zwischen Jazz und Haarspray

Was wäre ein Friseursalon ohne Wortspiel im Namen? An dem würde man kein gutes Haar lassen. Das Kamm In in der Neustadt jedenfalls hat nicht nur Wortspiele zu bieten, sondern auch ein After-Work-Event mit Live-Jazz. Dann geht es im Keller musikalisch zur Sache – welcher haarige Schuppen hat das schon zu bieten?

Kamm In
Brüderstraße 2
20355 Hamburg
T. 040 34 52 93
www.kamm-in-online.de

38 Entdecken
Neustadt

Zeuge bewegter Zeiten

1944, im Zweiten Weltkrieg, traf eine Bombe das Hauptschiff der Synagoge in der Poolstraße. Sie war bis 1844 von den jüdischen Reformern des „Neuen Israelitischen Tempel-Vereins" gebaut worden. Ihre Überreste stehen als Mahnmal des Krieges in der Hamburger Neustadt. Heute basteln hier die Mechaniker von „Auto Stern" in einem der schönsten Hinterhöfe der Stadt.

Ehemalige Reformsynagoge
Poolstraße 12
20355 Hamburg
Die ganze Geschichte: http://tinyurl.com/dyzlegc

39 Entdecken
Neustadt

Die sympathischsten Kreativen der Stadt

Eine letzte Festung wehrt sich gegen den Kapitalismus und die in ganz Hamburg umherfliegenden Investoren. Die Künstlerenklave des Gängeviertels stemmt sich erfolgreich gegen die Machtspiele im Baugewerbe. Seine Bewohner empfangen neugierige Gäste in Lauben, Läden und Open-Air-Treffpunkten, inmitten von stählernen Bürobauten. Ob Ausstellung, Party oder Konzert, im Gängeviertel ist alles handgemacht und sicher fern des Kommerzes.

Gängeviertel
Valentinskamp 28a
20355 Hamburg
T. 040 22 60 07 91
www.das-gaengeviertel.info

40 Erleben
Neustadt

Alternativ im besten Tanzalter

Nur keine Scheu, im liebevollen Gängeviertel finden „Golden Ager" eine Alternative zum alleine vor dem Fernseher Herumhängen. In der Jupi-Bar im Gängeviertel gibt es regelmäßig eine einzigartige Tanzparty namens „Faltenrock". Einlass gibt es hier – sorry, Kids – erst ab 60 Jahren, der Eintritt ist mit Rücksicht auf die schmale Rente frei, Essen und Getränke gibt es gegen Spenden. Und sogar eigene Musik darf mitgebracht werden.

„Faltenrock" im Gängeviertel
Valentinskamp 28a
20355 Hamburg
T. 040 22 60 07 91
www.das-gaengeviertel.info

Speicherstadt und HafenCity

1 **Genießen**
Speicherstadt

Das Schlösschen zwischen den Speichern

Kleines Haus, ganz groß: Inmitten der großen roten Speichergebäude gibt es ein winziges Kleinod mit bewegter Geschichte: Das Fleetschlösschen fungierte schon als Zollwache, Brandwache und, ähm, Toilette. Aber zu neuem Ruhm kam es als süßes Bistro, das es bis heute ist und das herzlich zu Kaffee und Co. einlädt.

Fleetschlösschen
Brooktorkai 17
20457 Hamburg
www.fleetschloesschen.de
tgl. 8–22 Uhr

2 **Erleben**
Speicherstadt

Der Open-Air-Theaterklassiker der Stadt

Für einen Klassiker in Hamburg wird die Speicherstadt jeden Sommer zur Open-Air-Bühne. An Sommerwochenenden wird der „Hamburger Jedermann" von Michael Batz vom Hamburg Art Ensemble aufgeführt. Ein Muss für eine laue Sommernacht. Man sitzt auf Klappstühlen vor der beeindruckenden Kulisse der Backsteinhäuser, und zwar neben dem Kesselhaus, das unter Denkmalschutz steht und seit 2000 als Informationsgebäude für die HafenCity genutzt wird.

Theater in der Speicherstadt
Auf dem Sande 1
20457 Hamburg
hamburger-jedermann.de
T. 040 369 62 37

3 **Erleben**
Speicherstadt

Detailverliebt – und weltweit bekannt

Das Miniatur Wunderland hat 2000 als kleines sympathisches Projekt verrückter Modelleisenbahnbauer angefangen. Heute ist es ein Phänomen und eine der bekanntesten Anlaufstellen für Touristen in der Stadt. Hier erlebt man wortwörtlich manches Wunder: etwa einen ICE, der nicht zu spät kommt! Kinder wie Erwachsene staunen über die größte Modelleisenbahn der Welt und all die kleinen versteckten Witze und Anspielungen. Daher ist sie ein Muss für jede Familie – Online-Ticketreservierung angeraten.

Miniatur Wunderland
Kehrwieder 2–4/Block D
20457 Hamburg
T. 040 300 68 00
www.miniatur-wunderland.de

4 Genießen
Speicherstadt

Vom Hafen aus in die „Weite Welt"

Ein Spaziergang durch die Speicherstadt oder ein Besuch des Miniatur Wunderlandes endet idealerweise in der Weiten Welt, nämlich dem nach ihr benannten Café-Bistro, auf einem Ponton direkt neben der Flussschifferkirche auf dem Wasser. Wie die Flussschifferkirche selbst (www.flussschifferkirche.de) ist es aus mehreren Gründen ein besonderes Kleinod, unter anderem weil hier zwölf Menschen mit psychischen Erkrankungen frische Salate und Hamburger Originalgerichte wie Labskaus oder Rundstück zaubern. Und freitags gibt's Currywurst!

Café Weite Welt
Hohe Brücke 2
20459 Hamburg
T. 040 30 60 51 87
www.weite-welt-hamburg.de

5 Erleben
Speicherstadt

Das war Knochenarbeit

Im authentischen Rahmen eines über 100 Jahre alten Lagerhauses residiert das Speicherstadtmuseum. Dort wird unter anderem gezeigt, wie „Quartiersleute" (Lagerhalter) früher Importgüter wie Kaffee, Kakao, Tee, Tabak oder Kautschuk gelagert, bemustert und veredelt haben. Und natürlich wird auch das harte Leben der Hafenarbeiter dokumentiert. Weitere Themen sind die Geschichte der Speicherstadt, die mit zahlreichen Fotografien und Texten nähergebracht wird.

Speicherstadtmuseum
Am Sandtorkai 36
20457 Hamburg
T. 040 32 11 91
www.speicherstadtmuseum.de
Mo–Fr 10–17 Uhr, Sa–So 10–18 Uhr, Dezember bis Februar Di–So 10–17 Uhr

6 Entdecken
HafenCity

HafenCity-Sommernachtstraum

Manchmal herrscht selbst in der Hansestadt Sommer und die lauen Nächte verlangen nach einem späten Spaziergang. Dann erstrahlt die HafenCity in besonderem Licht, wollen die Niederbaumbrücke beschritten, Sandtorhafen und Marco-Polo-Terrassen erkundet werden. Die kühlen modernen Bauten der HafenCity wirken dann im Kontrast zu den verspielten Bauten der Speicherstadt mit einer ganz eigenen Atmosphäre.

7 **Entdecken**
HafenCity

Sightseeing mit Seefahrtsromantik

Der Sandtorhafen hat nicht nur wegen seiner von international anerkannten Architekten entworfenen Bebauung, sondern auch durch die Anlage eines Traditionshafens eine besondere Anziehungskraft. Mittendrin liegt ein 380 Meter langer geschwungener Ponton, an dem historische Schoner, Ewer, Barkassen und Stückgutfrachter festmachen – ein maritimes Freilichtmuseum, das an die Zeiten erinnert, als noch nicht riesige Containerschiffe die Frachten von A nach B transportierten. Hier gibt es eigentlich immer etwas zu bestaunen. Auch die Magellan-Terrassen am Kopf des Sandtorhafens bilden zusammen mit dem Sandtorpark attraktive Plätze zum Verweilen. Und von hier hat man auch einen fantastischen Blick auf die Elbphilharmonie.

Sandtorhafen
20457 Hamburg
www.sandtorhafen.de

8 **Entdecken**
HafenCity

Millionenbau in der Morgensonne

Frühaufsteher aufgepasst: Im Morgenlicht funkelt die Elbphilharmonie besonders schön. Im richtigen Abstand bieten sich unterschiedliche Perspektiven auf den prachtvollen neuen Konzertbau der Stadt, etwa von den Elbbrücken aus. Wie ein exotischer Diamant präsentiert sie sich dann Hobby- und Profifotografen, oder lässt sich einfach mit einem Kaffee in der Hand bestaunen.

Elbphilharmonie
Platz der Deutschen Einheit 1
20457 Hamburg
www.elbphilharmonie.de
Anfahrt per Bus mit der Linie 111 bis Kaiserkai (Elbphilharmonie), mit der U3 bis Baumwall oder mit der U4 bis Überseequartier

9 **Entdecken**
HafenCity

Auf der Plaza des Prachtbaus

Wer Hamburgs berühmteste neue Konzerthalle zumindest mal betreten möchte, kann sich am Automaten im Eingangsbereich oder im Besucherzentrum im Gebäude gegenüber Tickets für die Plaza besorgen. Das ist die Ebene zwischen dem alten Kaiserspeicher und dem darüber entstandenen Glasbau, von dem aus es hoch in die Konzertsäle geht. Der Blick auf den Hafen und die Stadt entschädigt für verpasste Konzerte. Im Besucherzentrum kann man auch Führungen durch die Elbphilharmonie selbst buchen.

Elbphilharmonie-Besucherzentrum
Am Kaiserkai 60
20457 Hamburg
T. 040 35 76 66 66
www.elbphilharmonie.de
tgl. 9–20 Uhr (Plaza tgl. 9–24 Uhr)

10 Genießen
HafenCity

Wie ein echter Kaiser

Mit Blick auf den Hansahafen sitzen, Kaffee und Kuchen genießen, dabei den Autofrachtern und Containerriesen zusehen, das bietet die Terrasse des kleinen Bistros am Kaiserkai in der HafenCity. Es gibt Deftiges und Süßes aus eigener Herstellung, dazu eine feine Weinauswahl. Die Kaiserperle ist eine der nettesten Anlaufstellen des von vielen als zu cool gescholtenen Stadtteils.

Kaiserperle
Am Kaiserkai 47
20457 Hamburg
T. 040 30 06 88 95
www.kaiserperle.de
Di–So ab 11 Uhr

11 Genießen
HafenCity

Momente des Teegenusses

Kaffee ist Kaffee, aber im Tee ruht immer auch etwas Tiefes, Besinnliches, Kontemplatives. Die Charakteristika und Sorten präsentiert die Meßmer Momentum Tee-Lounge in der HafenCity, und das dazugehörende Teemuseum liefert die entsprechenden Informationen. Besucher erleben einen Streifzug durch die viele Jahrtausende alte Teegeschichte und können sich natürlich durch verschiedenste Variationen des gesunden Getränks probieren.

Meßmer Momentum
Am Kaiserkai 10
20457 Hamburg
T. 040 73 67 90 00
www.messmer.de/das-messmer-momentum
tgl. 11–20 Uhr

12 Erleben
HafenCity

Spielen auf einem Piratenschiff

Mitten im Grasbrookpark, der gestalterisch auf seine maritime Umgebung Bezug nimmt, liegt ein Piratenschiff, das sich entern lässt. Ob für Groß oder Klein, in dem 7000 Quadratmeter großen Park gibt es allerlei Gelegenheiten, sich an Fontänen und Wasserspendern zu erfreuen oder eine Kletterwand zu entern. Eigentlich ist der gesamte Park ein einziger Spielplatz, der durch Bäume und Hecken vom Verkehr abgeschirmt ist.

Piratenspielplatz im Grasbrookpark
Hübenerstraße
20457 Hamburg

13 Entdecken
HafenCity

Eine Lobby im Hafendesign

Das 25hours Hotel HafenCity hat eine der coolsten Lobbys in der Stadt. Ein Meeting-Raum wird von einem riesigen Containerblech umgeben, überall auf dem Boden sind Stellplätze für Frachtboxen eingezeichnet. Im Restaurant schmecken leckere Heimat-Burger, und auch ein Blick ins erste Obergeschoss lohnt sich. Hier gibt es ein hippes Musikzimmer, einen Spielraum und viele kuschelige Sofaecken.

25hours Hotel HafenCity
Überseeallee 5
20457 Hamburg
T. 040 257 77 70
www.25hours-hotels.com/hafencity

14 Erleben
HafenCity

Tempel der großen Pötte

Man erkennt den prachtvollen roten Bau schon aus der Ferne an der golden glänzenden Schiffsschraube davor. Auf zehn Stockwerken zeigt das Internationale Maritime Museum im ehemaligen Kaispeicher B alles rund um die Schifffahrt. 40 000 Einzelstücke und mehr als eine Million Fotos gibt es zu betrachten, da geht Schiffsfreunden wahrlich das Herz auf. Sogar in einem Simulator kann man Platz nehmen und zumindest virtuell das Steuer eines großen Potts übernehmen.

Internationales Maritimes Museum
Koreastraße 1
20457 Hamburg
T. 040 30 09 23 00
www.imm-hamburg.de
tgl. 10–18 Uhr

15 Entdecken
HafenCity

Bunte Gespenster in der HafenCity

Seit ihrer Neueröffnung vor ein paar Jahren ist die U-Bahnstation HafenCity Universität zu einem der beliebtesten Fotomotive geworden. Große Würfel schweben über dem Bahnsteig und wechseln langsam die Farbe. Mal blau, dann rot oder grün. Das Licht spiegelt sich in den dunklen Wandfliesen, es wird gespenstisches Hafengeräusch eingespielt. Ein echtes U-Bahnerlebnis!

U4 HafenCity Universität
20457 Hamburg
www.hvv.de

16 Genießen
HafenCity

Das schrägste Restaurant der Stadt

Seit 1925 gibt es die Oberhafenkantine. Ursprünglich war es eine „Kaffeeklappe“, in der einfache Speisen serviert wurden. Im Laufe der Zeit hat sich das Angebot deutlich erweitert. Architektonisch hat das Gebäude eine eindeutige Schieflage ausgebildet. Das macht die Oberhafenkantine erst recht zum Kult.

Oberhafenkantine
Stockmeyerstraße 39
20457 Hamburg
T. 040 32 80 99 84
www.oberhafenkantine-hamburg.de

17 Erleben
HafenCity

Wunderbares Wundertüten-Firlefanzland

Metropolen brauchen Kreativquartiere. Hamburg hat davon eine ganze Anzahl. Im Oberhafen zum Beispiel, einem der neuen Künstler- und Kreativquartiere der Stadt, wirkt nicht nur der preisgekrönte Elektroclub Moloch ideenreich zusammengewürfelt. Auch andere Künstler und Kreativunternehmungen haben sich auf dem ehemaligen Bahngelände am Rande der HafenCity teils sehr farbenfroh eingerichtet. Mega-in ist aber zur Zeit der Club Moloch mit seinen Kunstblumen, dem Plastikvogel und viel Selbstgeschweißtem und Handgesägtem. Neben seiner Knallbonbon-Anmutung punktet der Moloch mit Kneipen- statt Clubpreisen.

Moloch
Stockmeyerstraße 43
20457 Hamburg
www.moloch.de

Im weiten Rund um die Außenalster

St. Georg
Hohenfelde
Uhlenhorst
Winterhude
Eppendorf
Hoheluft
Harvestehude
Rotherbaum
Eimsbüttel

1 **Erleben**
St. Georg

Hier ist Kino purer Luxus

Wie Udo Lindenberg unbehelligt ins Kino kommt? Wahrscheinlich macht er es auf die clevere Art und reserviert sich im Atlantic-Hotel den kleinen Kinosaal mit acht sehr bequemen Plätzen. Und wie es sich für das kultige Luxushotel gehört, werden vom Haus einige Hamburgklassiker angeboten, die fast schon in Vergessenheit geraten sind. Mit wirklich leckerem Popcorn lässt sich dann hervorragend in Nostalgie schwelgen.

Atlantic-Hotel
An der Alster 72–79
20099 Hamburg
T. 040 288 80
www.kempinski.com/de/hamburg/hotel-atlantic

2 **Genießen**
St. Georg

Ein royaler Sun-Downer

Falls Sie zu jenen gehören, die Hotelbars meiden, laufen Sie Gefahr, einen der schönsten Sonnenuntergangsplätze an der Alster zu verpassen. Denn wer das Hotel Le Méridien einfach unten auf der Straße passiert, ahnt nicht, was für eine spannende Bar sich weit oben über der Straße verbirgt. Der gläserne Fahrstuhl links neben dem Eingang transportiert Sie in die oberste Etage und damit direkt an die Bar. Hier mit einem Drink einen tollen Sun-Downer genießen, einfach unbezahlbar.

Le Méridien Hamburg
An der Alster 52–56
20099 Hamburg
T. 040 210 00
www.lemeridienhamburg.com

3 **Genießen**
St. Georg

Flimmern mit Käpt'n Prüsse

Bei Hamburgs kultigster Segelschule Käpt'n Prüsse dürfen alle einkehren, sowohl Wasser- als auch Landratten und sowieso sonstiges Publikum. Eine kleine Fußgängerbrücke führt hinüber auf die Gurlitt-Insel der Außen-

alster, ein direkter Weg zum kühlen Getränk auf dem Steg, während die Stahlboote an- und ablegen. Stillstand kennt man hier nicht, Leben ist Bewegung, und zwar am besten bei leichtem Wellengang!

Segelschule Käpt'n Prüsse
An der Alster 47a
20099 Hamburg
T. 040 280 31 31
tgl. 10–19 Uhr
www.pruesse.de

4 Genießen
St. Georg

Dem George aufs Dach steigen

Es ist schon ein interessantes Designhotel, The George. Und es hat auch eine Überraschung zu bieten: eine spannende Open-Air-Bar, einige Stockwerke oben, was man von unten nicht gerade sehen oder erahnen kann. Wer dort hinmöchte, nimmt den Fahrstuhl in die oberste Etage und steigt eine weitere Treppe nach oben: Voila, willkommen zu kühlen Drinks und coolem Außenalsterblick!

The George
Barcastraße 3
22087 Hamburg
www.thegeorge-hotel.de
Dachterrasse Campari Lounge bei gutem Wetter geöffnet
Mo–Fr 17–23 Uhr,
Sa und So 14–23 Uhr

5 Erleben
Hohenfelde

Ein mutiger Sprung

Hamburgs größtes Bad ist die 1973 erbaute Alsterschwimmhalle, auch „Schwimmoper" genannt, im Stadtteil Hohenfelde, nahe Hauptbahnhof und Berliner Tor. Hier kann man einen Sprung vom Zehner wagen oder sich auf der 50-Meter-Bahn so richtig verausgaben.

Bäderland Alsterschwimmhalle

Ifflandstraße 21
22087 Hamburg
T. 040 18 88 90
www.baederland.de/bad/alster_schwimmhalle.php
Mo–Fr 6.30–23 Uhr,
Sa–So 8–22 Uhr
Anfahrt: U1 Lohmühlenstraße

6 Genießen
Uhlenhorst

Panorama an der Perle

Hundert Meter vom Literaturhaus am Schwanenwik entfernt liegt einer der besten Plätze für einen Sonnenuntergang an der Alster, die Alsterperle. Zugegeben, die Café-Bar am Uhlenhorster Ufer hat nur eine schmale Karte zu bieten, aber Grillwürstchen oder portugiesisches Gebäck schmecken wie Sterneküche, wenn sich die Sonne goldrot in die Außenalster senkt. Tipp für Singles: Angeblich wird hier an lauen Sommerabenden auch fleißig geflirtet.

Alsterperle

Eduard-Rhein-Ufer 1
22087 Hamburg
T. 040 22 74 82 73
www.alsterperle.com
tgl. ab 8 Uhr

7 Genießen
Uhlenhorst

Süffiger Abgang

Bei Heike und Lars Schippmann sind Weinfreunde bestens aufgehoben, gerade Verehrer der badischen Tropfen. Dazu gibt es knusprige Flammkuchen und schmackhafte große wie kleine Gerichte aus dem Südwesten Deutschlands. Die Uhlenhorster Weinstube ist eine der Topadressen an der Ostseite der Alster.

Uhlenhorster Weinstube

Papenhuder Straße 29
22087 Hamburg
T. 040 220 02 50
www.uhlenhorster-weinstube.de
Di–Sa ab 17 Uhr

8 **Erleben**
Uhlenhorst

Gediegene Frühstücksstunden

Einen edlen Festsaal, 1889 angebaut, und direkten Anschluss an die Alster für entspannte Flanierstunden bietet ein Frühstück im Literaturhauscafé. So lässt sich ein Sonntag starten, allerdings ist das Stadthaus kein Insidertipp mehr. Wer hier speisen will, sollte reservieren!

Literaturhauscafé
Schwanenwik 38
22087 Hamburg
T. 040 220 13 00
www.literaturhauscafe.de

9 **Erleben**
Uhlenhorst

Die Alster törnt einfach an

Vom Jungfernstieg aus sieht man sie losschippern, die Alsterdampfer. Eine Tour mit ihnen gehört zu jedem Hamburgbesuch dazu. Den schönsten Blick auf das Panorama der Stadt gibt es vom Anleger Uhlenhorster Fährhaus (zu erreichen mit dem Metrobus 6). Der Norddeutsche Regattaverein (NRV) nebenan sorgt für das hanseatische Ambiente. Mit dem Alsterdampfer geht es einmal hinüber vom östlichen zum westlichen Alsterufer, Anleger Fährdamm, und wieder auf die andere Seite zum Anleger Mühlenkamp. Von hier aus kann man an teils prachtvollen Alstervillen vorbei über den Hofweg und die Fährhausstraße zurück zum Ausgangspunkt spazieren.

Fahrt mit dem Alsterdampfer
www.alstertouristik.de
Abfahrt stündlich am Uhlenhorster Fährhaus (Höhe Karlstraße) stündlich

10 Entdecken
Uhlenhorst

Zeichen der religiösen Vielfalt

Ihr ins Türkise gehendes Blau strahlt Ruhe und Spiritualität aus, sie ist ein wunderschönes Stück Orient in Hamburg – die 1961–63 erbaute Imam-Ali-Moschee an der Ostseite der Außenalster. Die Außenhaut ist mit Mosaiken verziert, innen liegt ein kostbarer handgeknüpfter Riesenrundteppich, 200 Quadratmeter groß, einer der größten der Welt. Hier geht es zudem um Toleranz und interkulturellen Dialog, oft auch bei spannenden Gesprächsrunden und Seminaren.

Islamisches Zentrum Hamburg
Schöne Aussicht 36
22085 Hamburg
T. 040 22 94 86 47
www.izhamburg.com

11 Entdecken
Winterhude

Das beste Alsterpicknick

An der Westseite der Alster ist es tendenziell immer etwas voller an schönen Tagen, weshalb sich das gegenüberliegende Ufer besser für ein Picknick am lauen Sommerabend eignet. An der Straße Bellevue sind einige kleine Rasenflächen am Wasser gelegen, die man mit Decke, Getränken und Snacks ansteuern kann. Von hier aus lassen sich besonders gut die Segelboote der umgebenden Sportclubs beobachten. Tipp: Der schönste Platz ist dort, wo die Bellevue eine kleine Kurve macht. Von hier hat man einen Blick über die gesamte Alster und im Hintergrund die Skyline von Hamburg.

Bellevue
22301 Hamburg

12 Genießen
Winterhude

So süß ist Schweden in Hamburg

Etwas versteckt im Parterre eines Winterhuder Mietshauses liegt Annika Roschitz' Café Frau Larsson. Das schwedische Café glänzt mit sehr freundlicher Bedienung und tollen skandinavischen Köstlichkeiten. Das Mobiliar ist modern, aber gemütlich, die Terrasse eignet sich hervorragend zum Lunchen oder Frühstücken in der Sonne.

Frau Larsson
Peter-Marquard-Straße 13
22303 Hamburg
T. 040 76 97 93 57
www.frau-larsson.de
tgl. 10–18 Uhr

13 Entdecken
Winterhude

Frisches am Goldbekufer

Rund 120 Händler versammeln sich regelmäßig auf dem Wochenmarkt am noblen Goldbekufer. Zwischen stattlichen und schmucken Häuserfassaden und Villen wird ein riesiges Sortiment an frischen Lebensmitteln verkauft. Das Einkaufserlebnis lässt sich gut mit einem Spaziergang am Kanal kombinieren. Mit den HVV-Bussen 6 und 25 ist der Markt aber auch bequem direkt anzusteuern.

Goldbekmarkt
Am Goldbekufer
22303 Hamburg
www.hamburg-einkaufszentrum.de/maerkte/goldbekmarkt
Di, Do und Sa 8.30–13 Uhr

14 Erleben
Winterhude

Die Kultfabrik der Künste

Auf Kampnagel, einem ehemaligen Fabrikgelände, werden Theater, Tanz, bildende Kunst und einige der coolsten Konzerte der Stadt angeboten. Auch ein Kino und ein Restaurant befinden sich in den alten Gebäuden, Ersteres hat Wohnzimmercharme, Letzteres bietet ein beliebtes Brunch-Büffet. Besonders spannend ist jedes Jahr das Sommerfestival.

Kampnagel
Jarrestraße 20
22303 Hamburg
T. 040 27 09 49 49
www.kampnagel.de

15 Erleben
Winterhude

Mit dem Kanu in den Kanal

Es hat sich zur Kultaktivität des Sommers gemausert: Mit einem gemieteten Kanu die vielen Alsterkanäle erkunden. Das Bootshaus Dornheim ist hier eine ideale Anlaufstelle, denn dort gibt es eine übersichtliche Karte für die vielen Wasserwege zum Boot dazu. Eine Route etwa führt zum Stadtpark nördlich der Alster, wo sich ideal eine Pause einlegen lässt. Und auch das Fitnessstudio kann man sich nach dieser Paddeltour an frischer Luft sparen.

Bootsvermietung Dornheim & Restaurant Zur Gondel
Kaemmererufer 25
22303 Hamburg
T. 040 279 41 84
www.bootsvermietung-dornheim.de

16 Genießen
Winterhude

Beachen im Park

Der Beach-Club „Die Bucht“ hat einen ziemlich guten Standort, direkt am Stadtpark nämlich, nur einen Katzensprung entfernt von der U-Bahnstation an der Saarlandstraße (U3). Das Beste: Der Club ist direkt auf dem Wasser, was quasi Urlaubsgefühle garantiert. Und nach dem einen oder anderen Drink empfiehlt sich dann noch eine kurze Runde in oder um den Stadtpark, denn der hat schließlich immer geöffnet.

Die Bucht
Südring 46
22303 Hamburg
T. 040 65 05 63 31
www.die-bucht-hamburg.de
Mo–Mi und So 11–24 Uhr, Do–Sa 11–3 Uhr

17 Erleben
Winterhude

Erfrischung im Stadtpark

Was in der Elbe lebensgefährlich sein kann, ist in der Alster erlaubt: eine Runde schwimmen. Am besten dafür geeignet ist das Naturbad im Stadtpark in Winterhude, das mit einer Wasserfläche von 107 mal 138 Meter das größte Freibad der Stadt ist. Auch bei erhöhtem Bootsauf-

kommen auf dem Stadtparksee kann man hier ungestört seine Bahnen ziehen.

Naturbad Stadtparksee
Südring 5b
22303 Hamburg
www.baederland.de/bad/naturbad-stadtparksee.html

18 Entdecken
Winterhude

Spaß im Stadtpark

Die grüne Lunge im Herzen Hamburgs lädt nicht nur zum Spazieren ein. Familien schätzen den schön angelegten Spielplatz im Stadtpark. Hier darf man schaukeln, rutschen, klettern und allerlei Geräte kostenfrei nutzen. Zur Abkühlung lädt im Hochsommer zudem ein Planschbecken ein, Eis gibt es im Café gleich neben dem kühlen Nass.

Spielplatz im Stadtpark
Jahnring
22303 Hamburg
www.hamburgerstadtpark.de

19 Genießen
Winterhude

Goldene Schaumkronen in der grünen Lunge

Stadtparkspaziergänger genießen den perfekten Sonnenuntergang mit einem kühlen Blonden im Biergarten beim Naturbad am Stadtparksee. In der nahen Ferne prunkt das Planetarium am anderen Ende der großen Wiese, nebenan planscht es im See. Falls es zu kühl sein sollte, bietet ein transparentes beheiztes Zelt Platz.

Biergarten im Stadtpark
Südring 5b
22303 Hamburg

20 Erleben
Winterhude

Auf zu den Sternen

Imposant reckt es sich zwischen den Baumwipfeln des Stadtparks hervor, das Hamburger Planetarium. Von der großen Wiese aus ist es zu sehen und lockt mit einer bequemen Reise ins All; gerade an verregneten Tagen ein echtes Abenteuer. Nicht nur wissbegierige Erwachsene bekommen hier spannende Fakten und sogar Musik-Events mit Lasershow geboten. Auch für Kinder ab fünf Jahren gibt es einige spaßige Angebote.

Planetarium Hamburg
Linnéring 1
22299 Hamburg
T. 040 428 86 52 10
www.planetarium-hamburg.de

21 Erleben
Winterhude

Nicht Jogger, sondern Jugger!

Haben Sie „Die Jugger – Kampf der Besten", den Film von 1989, gesehen? Falls ja, dann wissen Sie, was Sie bei dem entsprechenden Sport erwartet, nämlich eine Mischung aus Rugby und Gladiatorenkampf. Seit gut 20 Jahren praktizieren Hamburger diese skurrile Mischung im Stadtpark. Mitmachen ist gottlob nicht Pflicht, auch zuschauen geht für die Athleten völlig in Ordnung, wenn sie jede Woche einmal zusammenkommen.

Stadtpark, Wiese vor dem Planetarium
Hindenburgstraße 1b,
22299 Hamburg
www.jugger.org
Mi ab 18 Uhr

22 Erleben
Winterhude

Ein Magazin zum Gucken
Ein unscheinbarer Backsteinbau bietet großes kleines Kino: Wer auf riesige Säle und unpersönliche Behandlung im Multiplex keine Lust hat, der sollte das Magazin-Kino in Winterhude aufsuchen. Das gibt es seit 1974 als unabhängiges Programmkino. Gerade mal 370 Besucher finden im Saal auf den roten Hochpolstersitzen Platz.

Magazin-Filmkunsttheater
Fiefstücken 8a
22299 Hamburg
Programmansage T. 040 511 39 20
www.magazinfilmkunst.de

23 Erleben
Winterhude

Ahoi ihr Winzlinge!
Schiffe faszinieren in Hamburg immer, auch wenn sie ganz klein sind und im Glas stecken. Die kultigen Buddelschiffe gibt es im Shop Buddel Bini, alle Modelle hier sind Handarbeit und detailgetreu gefertigt, stecken voller Feinheiten. Dabei gibt es für jeden Geldbeutel erschwingliche Modelle, vom Mini für weniger als 10 Euro bis zum Viermaster „Passat“ mit 1500 Teilen für knapp 500 Euro.

Buddel Bini
Barmbeker Straße 171
22299 Hamburg
T. 040 46 28 52
www.buddelbini.de
Mo–Fr 10–18 Uhr, Sa 10–14 Uhr

24 Erleben
Eppendorf

Wo alte Boote zu neuem Leben kommen
Wo die Tarpenbek in die Alster übergeht, da betreibt die Familie Torke ihr Bootshaus Barmeier. Seit 1926 kann man hier keine Boote leihen, aber die eigenen guten Stücke privat zur Sommer- und Winterlagerung abgeben. Und wenn was nicht passt, gibt es im Obergeschoss eine Werkstatt, wo sich Mitarbeiter ganz der Restaurierung widmen.

Bootshaus Barmeier
Eppendorfer Landstraße 180
20251 Hamburg
T. 040 51 77 07
www.bootshaus-barmeier.de

25 Genießen
Eppendorf

Hier kommt Eppendorf zusammen

„Hier ist Eppendorf" lautet das Motto der Institution Café Borchers seit 1906, und da mag was dran sein. Noch vor 30 Jahren ging es im Borchers ziemlich alternativ zu, aber heutzutage können auch Familien gefahrlos in das Restaurant einkehren. Manche Erzählung über die Geschichte des Stadtteils gibt es gratis dazu.

Café Borchers
Geschwister-Scholl-Straße 1
20251 Hamburg
T. 040 46 26 77
www.borchers-hamburg.de

26 Genießen
Eppendorf

Süßes für jede Gelegenheit

Die Konditorkunstwerke der Eppendorfer Bäckerei Lindtner muss man irgendwie auf dem guten Porzellan platzieren. Und dort bleiben sie nie lange liegen, ob bei Konfirmation, Taufe, Hochzeit oder einfach Kaffeeklatsch. Auch das schmucke Terrassencafé ist ein Hit, mit riesiger Torten-Kuchen-Keks-Auswahl. Alles, was das süße Herz begehrt.

Konditorei Lindtner Hamburg Eppendorf
Eppendorfer Landstraße 88
20249 Hamburg
T. 040 480 60 00
www.konditorei-lindtner.de
Mo–Sa 8.30–19.30 Uhr, So 10–19 Uhr

27 Genießen
Eppendorf

Auf in die Schramme

Kultkneipe, Szenelokal, Barinstitution, was auch immer die Schramme 10 ist, sie gehört zu Eppendorf. Hier gehen seit Jahrzehnten Urgesteine und junge Leute gleichermaßen ein und aus und geben sich die Kante, mal mehr, mal weniger. Sogar nachts ist gut was los, was in Eppendorf eher eine Seltenheit ist.

Schramme 10
Schrammsweg 10
20249 Hamburg
T. 040 23 80 16 25
www.schramme10.com
So–Do 12–2 Uhr, Fr–Sa 12–4 Uhr

28 Erleben
Eppendorf

Candlelight-Schwimmen

Anstatt wild planschender Kinder und kräftig ihre Bahnen ziehenden Leistungsschwimmern regiert an jedem dritten Sonnabend im Monat die Romantik und Besinnlichkeit im beliebten Holthusenbad in Eppendorf. Denn dann wird klassische Musik gespielt und Kerzen werden entzündet, was für eine ganz entspannte Atmosphäre sorgt. Feuer und Wasser gehen eine harmonische Beziehung ein.

Holthusenbad
Goernestraße 21
20249 Hamburg
www.baederland.de/Holthusenbad
Direkt an der U1/U3-Haltestelle Kellinghusenstraße

29 Erleben
Eppendorf

Herzhaft draufloshämmern

Manchen Kindern sind Sandkiste und Schaukel einfach nicht genug Action! Dann gilt es, den Bauspielplatz im Eppendorfer Park anzusteuern. Der Baui, wie er genannt wird, liegt gegenüber dem Universitätsklinikum. Hier hämmern Kleine schon seit 1974 drauflos, auch ein Kinder- und Familienfreizeitzentrum gibt es. Der Baui hat eine Außenfläche von 2000 Quadratmetern mit Tiergehege (Meerschweinchen und Ziegen) sowie einer Feuerstelle und Internetraum.

Baui-Eppendorf
Eppendorfer Park
Frickestraße 1
20251 Hamburg
T. 040 46 09 05 27
www.baui-eppendorf.de

30 Erleben
Eppendorf

Stand-Up-Paddling am Isekai

Dort, wo der Isebekkanal in die Alster mündet, hat Christian Toetzke, dem auch die legendäre Strandperle in Övelgönne gehört, ein Zentrum für den neuen Trendsport eingerichtet. Beim Stand-Up-Paddling steht man aufrecht auf einer Art Surfbrett, das mit einem Stechpaddel gesteuert wird. „Das ist ein aufstrebender Sport, eine Super-Aktivität, die gute Chancen hat, ins olympische Programm zu kommen“, meint der Betreiber. Bei Flammkuchen, Burger und Süßkartoffeln lässt sich im Supper Club fachsimpeln, um anschließend die neuen theoretischen

Erkenntnisse auf dem Brett umzusetzen. Es werden auch Kurse angeboten – für Einsteiger und Profis, Eltern und Kinder, sogar für Hunde und ihre Besitzer. Im Supper Club können Sie auch unterschiedliche Touren buchen – wie die Wake-Up-Tour und die Sonnenuntergang-Tour.

Supper Club
Isekai Ö13/Ecke Heilwigstraße
20249 Hamburg
T. 040 47 34 61
Mobil 0176 34 87 49 52
www.supperclub.de

31 Entdecken
Eppendorf

Echt lang frisch

Schon wieder ein echter Superlativ! Der Isemarkt ist Europas längster Freiluftmarkt! Unter den Schienen der U-Bahnlinie 3 in Eppendorf werden Lebensmittel, dekorativ Blühendes und heimische wie exotische Handarbeiten feilgeboten. Auch Promis kaufen hier ein.

Isemarkt
Isestraße unterhalb der U3 Eppendorfer Baum bis Hoheluft
www.isemarkt.com
Di und Fr 8–14 Uhr

32 Erleben
Eppendorf

Endlich mal dem „Kaufrausch" frönen

Wir rufen natürlich nicht zum blinden Konsum auf, deswegen sollten Menschen mit Neigung zur Kaufsucht nicht weiterlesen. Das Kaufrausch ist nämlich Eppendorfs kleinstes Kaufhaus und hat eine verführerische Wirkung auf viele Kunden. Ein Café und sechs Boutiquen gibt es hier, von Schuhen über Dessous bis hin zu Accessoires. Lauter schöne Sachen eben, die man auch ganz sicher alle braucht!

Kaufhaus Kaufrausch
Isestraße 74
20149 Hamburg
T. 040 4 80 83 13
www.kaufrausch-hamburg.de
Mo–Fr 11–19 Uhr, Sa 11–18 Uhr

33 Erleben
Eppendorf

Gaumen und Nase verführen

In Eppendorf ist alles etwas edler, und viele seiner prominenten Bewohner lieben das gediegene Ambiente. Wer nicht ständig essen gehen kann und will, der kann seinen Speisen dank eines tollen hier ansässigen Ladens dennoch exotische Würze verleihen. Bei Violas gibt es Kräuter, Gewürze und Schokoladen aus aller Welt, vom seltenen Zitronenpfeffer bis zum Reis für kleine Engel. Das süße Lädchen hat noch jeden zum Kochen verführt!

Violas
Eppendorfer Baum 43
20249 Hamburg
www.violas.de
Mo–Fr 10–19 Uhr, Sa 10–16 Uhr

34 Genießen
Hoheluft-Ost

Köstliches Luxusfrühstück

Das La Caffetteria zählt mit seiner aufgeräumten und gemütlichen Aufmachung zu den nettesten Cafés Hamburgs. Darum ist gerade das Frühstück hier sehr beliebt, ohne Reservierung geht nichts. Mit Blick auf prächtige Jugendstilhäuser lässt sich besonders der hervorragende Tee genießen.

La Caffetteria
Abendrothsweg 54
20251 Hamburg
T. 040 46 77 75 33
www.la-caffetteria.de
Mo–Fr 10–23 Uhr,
Sa–So 10–19 Uhr

35 Genießen
Hoheluft-West

Pizza wie aus Napoli

Wie die beste Pizza sein soll, daran scheiden sich die Geister. Aber Konsens ist: Die aus Napoli ist irgendwie doch das Original. Damit es so mundet, importiert mancher simples Mehl 2000 Kilometer von Italien nach Hamburg, so wie die Pizzabäcker des Al Volo. Die Zutaten schmecken hier nach Mittelmeersüße, das Lokal kommt sogar ohne Kitsch aus. Ein echt rundes Geschmackserlebnis.

Al Volo
Eppendorfer Weg 211
20253 Hamburg
T. 040 43 27 59 24
www.alvolo.de
tgl. 12–23 Uhr

36 Genießen
Hoheluft-West

Das echte einzige Original aus Dittsche

Der Kultimbiss Deutschlands befindet sich nicht, wie man vermuten mag, in Berlin oder im Ruhrgebiet. Nein, Oliver Kammerers Grill-Station liegt natürlich im schicken Eppendorf (ganz genau genommen im Stadtteil Hoheluft-West). Und Besucher fragen hier unentwegt nach Ingo und Dittsche alias Olli Dittrich. Jeden Freitag (ab 2018) wird hier die Live-TV-Comedyserie gedreht. Fernab vom Startrubel sei aber gesagt: Die herzhaften Grillhähnchen sind wirklich verdammt gut!

Eppendorfer Grill-Station
Eppendorfer Weg 172
20253 Hamburg
www.eppendorfer-grillstation.de
Mo–Fr 11–21 Uhr, Sa und So 12–20 Uhr

37 Genießen
Hoheluft-West

Wie bei Schwiegermama

In diesem Familienbetrieb gibt es Köstliches aus Italien. Patron Ardente serviert in Hoheluft-West einen sagenhaften Cappuccino, Schwiegermama Gianna bereitet mittags leckere Pastagerichte zu, Schwiegerpapa Franco aus Neapel und Schwager Salva sind auch häufig am Familientisch hinten rechts anzutreffen. Und Ehefrau Lisa hilft ebenfalls manchmal aus. Das Café Fele bietet alles aus einer Hand – und fühlt sich an wie ein Besuch bei Freunden.

Café Fele
Bismarckstraße 128
20253 Hamburg
T. 040 42 10 13 73

38 Entdecken
Harvestehude

Der allseits beliebte Kaiser

Der Terminus Kaifu ist Ihnen sicher schon einmal untergekommen. Er steht für das Kaiser-Friedrich-Ufer, eine der beliebtesten Spazierstrecken in der Stadt. Der drei Kilometer lange und 20 Meter breite Isebekkanal verbindet die Stadtteile Eimsbüttel, Hoheluft, Eppendorf und Harvestehude. Wer hier flaniert, bekommt schöne Stadtvillen und am Wasser eine ganze Reihe heimischer Vögel zu sehen.

Kaiser-Friedrich-Ufer

zu erreichen etwa mit dem Bus der Linie 4, Haltestelle Kaiser-Friedrich-Ufer

39 Genießen
Harvestehude

Nicht die Route 66, sondern die Cafeteria 66

Was dort oben im zwölften Stock des Bezirksamts Eimsbüttel am Grindelberg wartet, ist kein müffeliger Konferenzraum, sondern eine berühmte Cafeteria. Der kultige Paternoster-Aufzug hebt die Gäste empor, von hier aus gibt es einen einzigartigen Panoramablick bis zur Stadtgrenze. Das servierte Essen ist zudem fairtrade, lecker und günstig. Beamte haben's in Hamburg echt gut!

Cafeteria 66

Grindelberg 66
20144 Hamburg
T. 040 422 94 02
www.cafeteria66.de
Mo–Fr 7.30–10.30 Uhr (Frühstück) und 11.30–13.45 Uhr (Mittagsausgabe), geöffnet bis 14.30 Uhr

40 Erleben
Harvestehude

Aufschlag für die Nostalgie

Es wirkt wie aus der Zeit gefallen und fügt sich eher schlecht als recht in die gediegene Umgebung ein: das Tennisstadion Rothenbaum. Und doch wird es noch genutzt und ein Platz am Center Court in der Abendsonne ist für Tennisfans ein echtes Glückslos. Jahr für Jahr im Juli werden hier etwa die German Open ausgetragen.

Rothenbaum Sport GmbH

Hallerstraße 89
20149 Hamburg
Tickethotline 040 238 80 44 44
www.german-open-hamburg.de

41 **Genießen**
Harvestehude

Sanftes Erwachen im Cliff

Glitzert die Sonne morgens mit sanften Lichtstrahlen über der Außenalster, befindet man sich wahrscheinlich im Cliff. Denn hier ist es gerade morgens besonders schön. Die begehrten Plätze auf dem Steg sind noch zu haben, ehe dort die vielen Kanufahrer und hungrigen Ruderer anlegen. Für alle ist etwas auf der üppigen Karte dabei, der freundliche Service hilft gerne bei der Auswahl.

Alster-Cliff
Fährdamm 13
20148 Hamburg
T. 040 44 27 19
www.alster-cliff.de

42 **Genießen**
Rotherbaum

Steak the American way

Gut, dass man hier nicht mit dem politischen Chaos konfrontiert wird, sondern mit feinstem Fleisch! Das Butcher's American Steakhouse ist rustikal und dennoch elegant und bietet ein echt gutes amerikanisches Steak an. Und wem dennoch eher nach Meeresgetier ist: Auch in dieser Sparte bietet das Restaurant leckere Gerichte.

Butcher's American Steakhouse
Milchstraße 19
20148 Hamburg
T. 040 44 60 82
www.butchers-steakhouse.de

43 Genießen
Rotherbaum

Bodo's Bootssteg

Anstatt Schiffezählen einfach mal Kirchenspotting betreiben! Von Bodo's Bootssteg aus sind fast alle Hauptkirchen Hamburgs zu sehen. Am westlichen Ufer der Außenalster helfen ein frisch gezapftes Bier und ein wohltemperierter Weißwein dabei, die Sinne zu schärfen. Die kühle Brise tut ihr Übriges. Und wem es dann doch in den Muskeln zuckt, der mietet sich ein Tret- oder Segelboot und genießt den fantastischen Blick vom Wasser aus.

Bodo's Bootssteg
Harvestehuder Weg 1b
20148 Hamburg
T. 040 410 35 25
www.bodosbootssteg.de
tgl. ab 11 Uhr

44 Genießen
Grindelviertel/Rotherbaum

Wo die Bierblumen blühen wie eh und je

Die Kultkneipe Dieze stand kurz vorm Aus, Wirt Jens hatte Krach mit der Hausverwaltung. Aber man kann Entwarnung vermelden, jetzt sitzt sie am Grindel, und zwar einfach schräg gegenüber dem alten Standort. So kann es gehen, also bitte den „neuen" Standort fleißig mitfinanzieren, liebe Gerstensaftfreunde! Denn: Nirgends ist die Bierblume ansehnlicher und kunstvoller als hier.

Dieze-Köpi
Heinrich-Barth-Straße 15
20146 Hamburg
T. 040 45 52 55

45 Genießen
Grindelviertel/Rotherbaum

Das jüdische Herz Hamburgs

Das Café Leonar im Grindelviertel ist eines der weltoffensten der Stadt. Gegründet als jüdischer Salon im ehemaligen jüdischen Viertel, können Gäste allerlei ausgewählte Speisen aus aller Welt versuchen, gemütlich in häuslicher Atmosphäre.
Ob arabische Mezze, russischer Borscht oder amerikanische Bagels und deutscher Kuchen, alles ist natürlich hausgemacht.

Besonders gut sitzt man auf der großen Terrasse. Hier lässt sich auch am besten das bunte Treiben in dem Studentenviertel beobachten.

Café Leonar
Grindelhof 87
20146 Hamburg
T. 040 41 35 30 11
www.cafeleonar.de
Mo–Fr 8–0 Uhr, Sa 9–1 Uhr, So 9–22 Uhr

46 Entdecken
Grindelviertel/Rotherbaum

Plattenrille

Das Revival der guten alten Vinylschallplatte geht auch an Hamburg nicht vorbei, in diversen Läden kann man hier nach Herzenslust der Sammelwut frönen und etwas schwarzes Gold mit nach Hause nehmen. Einer der Kultläden dafür ist die Plattenrille, fast ein legendärer Ruf eilt ihr voraus. Mehr als 200 000 Platten aus allen Genres warten hier zu fairen Preisen auf neue musikverliebte Besitzer.

Plattenrille
Grindelhof 29
20146 Hamburg
www.plattenrille.de
Mo–Fr 11–19 Uhr, Sa 10–16 Uhr

47 Erleben
Grindelviertel/Rotherbaum

Kino geht auch kultiviert

Das Abaton ist das spannendste Kino der Hansestadt, weil das Programmkino mit den besten Produktionen aus aller Welt und beeindruckenden Arthaus-Perlen aufwartet. Szenig im Univiertel am Grindelhof gelegen, gibt es hier auch oft Vorführungen mit Regisseuren und Schauspielern als Gäste sowie Klassiker, Dokumentationen und besonders wertvolle Kinderfilme. Schon die Fotogalerie mit prominenten Besuchern vor der Bar ist beeindruckendes Zeugnis der Relevanz und der Geschichte des Abaton.

Abaton
Allende-Platz 3, Ecke Grindelhof
20146 Hamburg
T. 040 41 32 03 20
www.abaton.de

48 Erleben
Grindelviertel/Rotherbaum

Mode aus Down Under

Hinter dem CVG Showroom versteckt sich Caroline Victoria Grüber. Eine mutige Dame, denn sie gab ihren gut bezahlten Job bei einer PR-Agentur auf, um sich ganz ihrer Leidenschaft zu widmen: australische Mode. Die vertrieb sie als eine der Ersten, unter anderem Labels wie Akira oder Willow – Marken, die angeblich auch Nicole Kidman, Kate Moss und Madonna tragen.

CVG Showroom
Schlüterstraße 80a
20146 Hamburg
T. 040 63 67 44 90
www.cvgshowroom.com

49 Genießen
Grindelviertel/Rotherbaum

Ein Hoch auf Hausmannskost

Quinoa und Quorn, Tofu und Saitan – alles schön und gut, hip und trendy sowieso, aber ab und an muss es einfach ins Brodersen mit seiner bodenständigen Küche von feinster Qualität gehen. Sehr zu empfehlen: Knusprige Bratkartoffeln, zartes Roastbeef und ein übertellergroßes Wiener Schnitzel. Wer hier nicht satt wird, der muss zwei Mägen haben.

Restaurant Brodersen
Rothenbaumchaussee 46
20148 Hamburg
www.restaurantbrodersen.de
Mo–Fr und So 12–23 Uhr, Sa 17–23 Uhr

50 Erleben
Eimsbüttel

Mammutgroßes Kindervergnügen

Das Geo-Museum bringt Kinderaugen zum Leuchten. An der Bundesstraße sind unter anderem Mammutknochen und Skelettversteinerungen von Sauriern zu sehen – von echten Dinos! Mit dieser Verheißung bekommt man wohl jedes Kleinkind von der Glotze weg. Im oberen Stockwerk gibt es zudem eine Einführung in die Entwicklung des Lebens auf der Erde, da lernen auch die Eltern noch was.

Geologisch-Paläontologisches Museum
Bundesstraße 55
20146 Hamburg
T. 040 428 38 50 09
www.cenak.uni-hamburg.de/ausstellungen/museum-palaeontologie.html
Mo–Fr 9–18 Uhr, in der Vorlesungszeit auch Sa 9–12 Uhr

51 Genießen
Eimsbüttel

Die moderne Art des Tanzkaffees

„Die Küche ist zum Tanzen da“, verkündet das Gloria vollmundig. Seit 20 Jahren ist der coole Schuppen stetig gewachsen, hat sich von der Eckkneipe zur Kaffeebar gemausert. Heißer Tipp: Sonntags ist ab 15 Uhr Pizzatag. Für nur 6 Euro gibt es dann italienische Köstlichkeiten mit Belag nach Wahl.

Gloria
Bellealliancestraße 31–33
20259 Hamburg
T. 040 43 29 04 64
www.gloriabar.de
tgl. ab 10 Uhr

52 Erleben
Eimsbüttel

Was esse ich da eigentlich gerade?

Nachts sind alle Katzen grau, sagt der Volksmund. Und was ist mit dem Essen, schmeckt im Dunkeln alles gleich oder lässt sich ohne den Sehsinn noch viel mehr erschmecken? Ein Restaurant geht genau dieser Frage nach und bietet Mahlzeiten in völliger Dunkelheit an. Das fördert nicht nur Verständnis für Sehbehinderte, es lässt uns auch unser Essen mit ganz anderen Augen sehen – oder eben nicht sehen.

unsicht-Bar Hamburg
Kleiner Schäferkamp 36
20357 Hamburg
T. 040 41 46 93 30
www.unsicht-bar-hamburg.de
Mi–So ab 18 Uhr

53 Entdecken
Eimsbüttel

Verträumt am romantischen Weiher

Der Eimsbütteler Park „Am Weiher" ist das grüne Gewissen des süßen und beliebten Wohnviertels im Westen der Hansestadt. Er mag etwas versteckt sein und nicht atemberaubend groß, aber er hat, mitten im Wohngebiet gelegen, genug Grünraum fürs kurze Aufatmen zwischen dem Flanieren und Shoppen. Im anliegenden Café (gegenüber Im Gehölz 7) lässt sich zudem malerisch der Sonnenuntergang abwarten.

Park Am Weiher
Ottersbekallee
20255 Hamburg

54 Erleben
Eimsbüttel

Werder-Fans in der Diaspora

Von wegen, Bremer und Hamburger sind sich wegen des Fußballs spinnefeind. In einem Eimsbütteler Bistro namens Osterdeich finden Werder-Fans ein freundliches Refugium. Hier herrscht nicht nur bei Werder-Bremen-Spielen gute Stimmung. Auch Kaffee, belegte Brote und Gebäck werden von den freundlichen Nachbarn angeboten.

Osterdeich
Müggenkampstraße 35
20257 Hamburg
www.osterdeich.net
T. 040 43 27 46 50
Mi–Do 12–18 Uhr, Fr–So 10–18 Uhr

Die Hafenkante

Neustadt
St. Pauli
Altona-Altstadt

1 **Erleben**
Neustadt

Der ewige Hafendauergast

Ist das ein wunderschönes Schiff, die „Cap San Diego“, wie es da sicher vertäut vor der Überseebrücke liegt! Nach einer Bauzeit von nur fünf Monaten lief am 15. Dezember 1961 der von der Reederei Hamburg Süd in Auftrag gegebene Frachter bei der Deutschen Werft vom Stapel. Danach verkehrte die „Cap San Diego“ im regelmäßigen Liniendienst zwischen Europa und der Ostküste Südamerikas. Im Jahr 1981 wurde sie verkauft, zurückgechartert, wieder verkauft und schließlich von der Freien und Hansestadt Hamburg 1986 unmittelbar vor dem Verschrottungstermin gerettet, renoviert und als Museumsschiff in den Hamburger Hafen verbracht. Seit 2003 steht sie unter Denkmalschutz.

Der Stückgutfrachter ist nicht nur ein Industriedenkmal, sondern auch eine Ikone für Schiffsästheten. Der Hamburger Architekt Cäsar Pinnau gab dem Schiff, das über einen Salon und einen kleinen Pool an Deck verfügt, die elegante Form und gestaltete die Inneneinrichtung mit. Viele ehrenamtlich tätige ehemalige Seeleute sorgen

heute dafür, dass die „Cap San Diego“ fahrtüchtig gehalten wird und mindestens einmal im Jahr auf große Fahrt geht – nämlich nach Cuxhaven oder durch den Nord-Ostsee-Kanal nach Kiel.
Besichtigen können Sie dieses Wunderwerk der Technik über einen Rundgang, der Sie von der Kommandobrücke bis in den Maschinenraum, den Wellentunnel und die Ladeluken führt. Die „Cap San Diego“ ist das weltgrößte seetüchtige Museums-Frachtschiff. Ihre elegante Silhouette gehört zum Hamburger Hafenpanorama wie die Landungsbrücken, die Elbphilharmonie und die Speicherstadt. Seit 1989 hat sie an der Überseebrücke festgemacht.

Museumsschiff „Cap San Diego“
Überseebrücke
20459 Hamburg
T. 040 36 42 09
www.capsandiego.de
tgl. 10–18 Uhr

2 Genießen
Neustadt

Italienisch zwischen Portugiesen
Im malerischen Portugiesenviertel zwischen der St.-Michaelis-Kirche und den Landungsbrücken versteckt sich ein Italiener namens Luigi's. Gottlob ist er nicht gut im Versteckspiel, denn angeblich hat das Lokal eine der besten Pizzen der Hansestadt. Deswegen ist das kleine Restaurant auch quasi dauerhaft ausgebucht, hier heißt es rechtzeitig reservieren!

Luigi's Pizzeria & Pastaria
Ditmar-Koel-Straße 21
20459 Hamburg
T. 040 41 28 17 18
www.luigis-hamburg.de
tgl. 11.30–24 Uhr

3 Erleben
St. Pauli

Unter vollen Segeln
Der Rumpf ist knallgrün lackiert, die Masten reichen bis zum Himmel – unübersehbar liegt der stolze Windjammer „Rickmer Rickmers“ in prominenter Lage vor den Hamburger Landungsbrücken. Das war nicht immer so, denn das 1896 aus Stahl gebaute Vollschiff kann auf eine wechselvolle Ge-

schichte zurückblicken. Der ursprünglich auf den Namen „Max“ getaufte Frachtsegler wurde im Kriegsjahr 1916 auf den Azoren beschlagnahmt, von nun an transportierte der in „Flores“ umbenannte Windjammer Kriegsmaterial. Danach setzte die portugiesische Marine den Großsegler als Schulschiff ein, bis er schließlich 1983 dem Verein „Windjammer für Hamburg“ übergeben wurde. Die zentnerschwere Galionsfigur stammt vom Holzbildhauer Dieter Meyer.

Nach mehrjähriger Restaurierung liegt die „Rickmer Rickmers“, die von der gleichnamigen Stiftung ohne öffentliche Zuschüsse unterhalten und betrieben wird, als Museumsschiff im Hamburger Hafen. Es ist ein großes Erlebnis, auf diesem 97 Meter langem Relikt einer vergangenen Zeit an Deck zu stehen, die Masten hinaufzuschauen und darüber nachzudenken, wie das Leben an Bord gewesen sein mag und wie das Schiff unter knarrenden Segeln auf den Weltmeeren unterwegs war. Die „Rickmer Rickmers“ hat viele glückliche Reisen für die Reederei gemacht, aber es waren auch einige unglückliche darunter, wie die im August 1904, als in einem Orkan vor dem Kap der Guten Hoffnung die Ladung verrutschte, das Schiff zu kentern drohte und der Großsegler nur durch das Kappen des dritten Mastes gerettet werden konnte. Einen Hauch davon, wie hart es auf diesen Schiffen zugegangen ist, aber auch von Windjammer-Romantik können Sie bei einem Rundgang durch und über das Schiff schnuppern, um es sich danach im Bordrestaurant in authentischen maritimen Räumen gut gehen zu lassen.

Museumsschiff „Rickmer Rickmers“,
Landungsbrücken, Ponton 1a
20359 Hamburg
T. 040 319 59 59
www.rickmer-rickmers.de
tgl. 10–18 Uhr

4 Genießen
St. Pauli

In Hamburch sagt man Moin!
Wichtige Lektion in Sachen Nordlichter: Moin moin, das sagen nur Touristen, das ist Geschwätz. Ein Moin reicht dem mundfaulen Hamburger völlig, den Rest des Atems spart er fürs Bestellen des Krabbenbrötchens mit Blick auf den Hafen. Das beste der Art gibt es angeblich in der Brücke 10, und das ist wahrscheinlich kein Geschwätz.

Brücke 10 – Die Fischbrötchenbude
Landungsbrücken, Brücke 10
20359 Hamburg
T. 040 33 39 93 39
www.bruecke-10.de
April bis Oktober tgl. 10–22 Uhr, November bis März tgl. 10–20 Uhr

5 Erleben
St. Pauli

Die kultigste Hafenrundfahrt
Der Cruise der Maritime Circle Line ist eine Hafenrundfahrt, die sich echt lohnt. So ein Törn ist relativ günstig und erlaubt nach Wunsch beliebig viele Zwischenstopps. Zusteigen kann man an jeder Station, denn Fahrkarten

werden direkt an Bord gelöst. Besonders schön ist die Fahrt zum Auswanderermuseum BallinStadt im Süden (siehe S. 180).

Maritime Circle Line
Landungsbrücken, Brücke 10
20359 Hamburg
T. 040 28 49 39 63
www.maritime-circle-line.de

6 Erleben
St. Pauli

Partyfahrt mit Hedi und Claudia

Clubs sind Ihnen zu stickig und die Aussicht auf schwarze Wände zu öde? Feiern geht in Hamburg natürlich auch auf den Elbwassern mit Hafenpanorama. Die berühmt-berüchtigten Partyschiffe, etwa die „Hedi“ und die „Claudia“, legen freitags und sonnabends um 19 Uhr mit wechselnden DJs von den Landungsbrücken zu wilder Fahrt ab. Wer zu spät kommt, muss sich nicht ärgern, das Zu- und Aussteigen ist zu jeder vollen Stunde möglich. Nur nicht für JunggesellInnenabschiede.

Frau Hedi
Landungsbrücken, Brücke 10
20359 Hamburg
www.frauhedi.de
Fr und Sa ab 19 Uhr, wechselndes Programm an unterschiedlichen Wochentagen

7 Erleben
St. Pauli

Eine Fährfahrt, die ist lustig

Eines der einfachsten und zugleich schönsten Abenteuer auf der Elbe in Hamburg liegt quasi immer vor der Nase, egal bei welchem Wetter. Einfach mit dem gültigen HVV-Ticket in die Fährlinie 62 einsteigen und eine komplette Runde durch den Hauptteil des Hafens drehen. Ab Landungsbrücken geht es in Richtung Finkenwerder und wieder zurück, ob nun oben auf dem Deck oder im warmen Inneren bei Schietwetter. Eine solche Fahrt kostet nur ein paar Euro und bietet eine ganze Stunde echtes Hamburg-Feeling.

Fährlinie 62 Richtung Finkenwerder
Landungsbrücken, Brücke 3
20359 Hamburg
www.hvv.de

8 Genießen
St. Pauli

Dem Blockbräu aufs Dach steigen

Steigen Sie bei den St. Pauli-Landungsbrücken doch mal auf die Dachterrasse des Blockbräu. Das Lokal im historischen Gebäude bietet nicht nur selbst gebrautes Weizenbier an, das mit einem phänomenalen Blick über die Elbe gleich doppelt so gut schmeckt, sondern auch alle andere Arten von Getränken und deftige Speisen. Hafenluft macht eben durstig und hungrig!

Blockbräu GmbH
Bei den St. Pauli-Landungsbrücken 3
20359 Hamburg
T. 040 44 40 50 00
www.block-braeu.de
tgl. 11–24 Uhr

9 Entdecken
St. Pauli

Abtauchen unter die Elbe

Ein Stück Historie erkunden lässt sich tief unterhalb der Elbe. 24 Meter unter dem Strom ist der 1911 eröffnete zweispurige alte Elbtunnel für Passanten immer noch geöffnet. Die 426,5 beleuchteten Meter sind ein beliebtes Fotomotiv und bieten nach dem Durchqueren einen ganz neuen Blick auf die Stadt.

Alter Elbtunnel
Bei den St. Pauli-Landungsbrücken 5
20359 Hamburg
www.hamburg.de/alter-elbtunnel
Für Fußgänger und Radfahrer durchgehend geöffnet

10 Entdecken
St. Pauli

Das inoffizielle Lied zum Hafen

Musikalische Hamburgklassiker gibt es viele, aber eine eher junge Komposition und Ode an den Hafen ist Kettcars Lied „Landungsbrücken raus“. Der ist für alle gut, die „Hamburg, meine Perle“ von Lotto King Karl oder „Reeperbahn“ von Udo Lindenberg einfach nicht mehr hören können. In „Landungsbrücken raus“ heißt es etwa: „An den Landungsbrücken raus, dieses Bild verdient Applaus, und noch 200 Meter, und jetzt geht der Fallschirm auf, na dann herzlich willkommen zu Haus. Und ein letztes Mal winken und ich bin raus.“
www.kettcar.net

11 Genießen
St. Pauli

Drinks up in the Sky (Bar)

Ein Geheimtipp ist die Skyline Bar 20up im Empire Riverside Hotel nicht mehr, und das aus sehr gutem Grund: Der Blick über den Hafen ist grandios, erst recht mit einem köstlichen Getränk in der Hand. Freitags ist der Andrang groß, aber unter der Woche lässt sich hier wunderbar ein Cocktail genießen. Dresscode „sportlich elegant“.

Skyline Bar 20up
Bernhard-Nocht-Straße 97
20359 Hamburg
T. 040 31 11 97 04 70
www.empire-riverside.de
Mo–Do 18–2 Uhr, Fr–Sa 18–3 Uhr

12 Entdecken
St. Pauli

Palmen im Hafen

Unter ihrem eigentlichen Namen kennen sie die wenigsten Hamburger, die originellste Grünanlage zwischen Reeperbahn und Elbe. Der Antonipark am Elbhang ist ein kleiner Platz mit modernen Rasenwellen, künstlichen Palmen und dem alten Kirchgarten der St.-Pauli-Kirche im Rücken. Entstanden ist er nach den Plänen der Anwohner- und Künstlerinitiative „Park Fiction“, und so wird er auch bis heute genannt. Gerade abends im Sommer gibt es hier gratis: einen legendären Sonnenuntergang, einen atemberaubenden Blick auf den Hafen und das pulsierende junge Leben rundum.

Antonipark (Park Fiction)
Pinnasberg/Antonistraße
20359 Hamburg
Anfahrt Bus 112 bis Hafentreppe

13 Erleben
St. Pauli

Trocken abtauchen

Irgendwie gruselig, zugleich spannend und aufregend: Richtige U-Boote kennen die meisten nur aus Filmen wie „Roter Oktober" oder natürlich „Das Boot". Aber im U-Bootmuseum U-434 am Fischereihafen lässt sich so ein geheimnisvolles Unterwasserkriegsschiff sogar besichtigen. Bis 2002 stand es noch im Dienste Russlands. Wer nicht unter Klaustrophobie leidet, kann hier ganz trocken abtauchen in eine andere Welt.

U-Bootmuseum U-434
St. Pauli Fischmarkt 10
20359 Hamburg
T. 040 32 00 49 34
www.u-434.de
Mo–Sa 9– 20 Uhr, So ab 11 Uhr

14 Entdecken
Altona-Altstadt

Das Herz des Fischmarkts

Die Rekonstruktion des Altonaer Fischmarkts und der ehemaligen Fischauktionshalle – einer wunderbaren Eisen-Glas-Konstruktion aus der Gründerzeit – gehören zu den in den 1980er-Jahren initiierten Maßnahmen einer Revitalisierung des Hafenrands. Tausende von Nachtschwärmern und Frühaufstehern kommen hier jeden Sonntagmorgen zum traditionellen Fischmarkt zusammen. Direkt neben der Fischauktionshalle steht das umgebaute Büro- und Wohnhaus an der Großen Elbstraße, auf dem Geestrücken die Hochhäuser auf der Hafenkrone, am gegenüberliegenden Elbufer die Werft Blohm + Voss mit ihren Schwimmdocks. Ob frühmorgens oder am Tag: Ein Ausflug hierher ist immer ein Erlebnis der ganz besonderen Art.

Fischmarkt
22767 Hamburg
www.hamburg.de/fischmarkt
Fischmarkt Mitte März bis Mitte November So 5–9.30 Uhr, im Winter 7–9.30 Uhr

15 Genießen
Altona-Altstadt

So frisch, es lebt noch

Man sollte es zumindest einmal probiert haben, eine frische Auster aus ihrer Schale zu knacken und herauszuschlürfen. Wer Skrupel hat oder hohe Preise fürchtet, kann es bei Hummer Pedersen versuchen. Zum Probieren gibt es hier einen günstigen Stückpreis und gratis dazu Tipps und eine Anleitung, wie man den edlen Genuss am besten angeht. Klar, dass es im Bistro der Traditionsfirma (seit 1879) auch viele weitere leckere Gerichte aus dem Meer gibt.

Hummer Pedersen
Große Elbstraße 152
22767 Hamburg
T. 040 522 99 39 26
www.hummer-pedersen.de
Groß- und Einzelhandel: Mo–Fr 8–14 Uhr, Sa 8–12 Uhr
Bistro: Mo–Sa 12–18 Uhr, Fr–Sa 12–22 Uhr

16 Entdecken
Altona-Altstadt

Ein Aufstieg, der sich lohnt

Sie sind bei einer Fahrt mit der Fähre sicher schon einmal an diesem besonderen Bürogebäude vorbeigeschippert: dem Dockland mit eigener Haltestelle am Ufer Altonas. Vorn ist es wie ein Schiffsbug geformt, hinten mit einer Doppeltreppe versehen, über die es auf voller Länge (132 Meter) rund 40 Meter in die Höhe geht. Von oben gewährt das futuristische Parallelogramm einen einzigartigen Blick in Richtung Containerhäfen, Landungsbrücken, Kreuzfahrtterminal Altona und die Elbe hinunter.

Dockland
Van-der-Smissen-Straße 9
20354 Hamburg
T. 040 35 55 10
www.dockland-hamburg.de
24 Stunden begehbar

17 Entdecken
Altona-Altstadt

Herumtollen und Schiffe gucken

Vom Altonaer Balkon hat man einen beeindruckenden Ausblick auf die Elbe. Von hier sieht man das Dockland, die Köhlbrandbrücke, ach alles. Und auch die Kleinen kommen auf ihre Kosten, denn der lang gezogene Park ist mit einem Spielplatz ausgestattet. Das ist unschlagbar, zumal Stärkung im anliegenden Café wartet.

Altonaer Balkon
Palmaille 79
22767 Hamburg
Vom S-Bahnhof Altona durch die Museumstraße am Altonaer Rathaus vorbei

18 Genießen
Altona-Altstadt

Unweit des Altonaer Balkons mit seinem fantastischen Blick auf die Elbe befindet sich „Altonas Balkon – Café und Biergarten". Entspannen Sie in der grünen Oase des Elbparks bei Kaffee, Tee und Kakao aus fernen Ländern, hausgemachtem Kuchen und leckeren Limonaden – vor der Kulisse der ein- und auslaufenden Containerschiffe und Kreuzfahrer. Die Geräusche des Hafens hören sich an wie Hintergrundmusik.

Altonas Balkon
Palmaille 41, 22767 Hamburg
T. 040 54 80 66 90
www.altonas-balkon.de
Di–So 12–19 Uhr

Szeniges Hamburg

Sternschanze
Altona-Nord
St. Pauli

1 Entdecken
Schanzenviertel/Sternschanze

Mediterrane Gefühle

Auf der Schanze pulsiert vor allem im Sommer das Leben, wenn Klapptische und Holzbänke ausgepackt werden. Der improvisierte Charme des weltoffenen Viertels, das seinen Namen der längst verschwundenen sternförmigen Stadtbefestigungsanlage auf dem Gelände des heutigen Schanzenparks verdankt, ist in Hamburg einzigartig. Und sobald die Sonne scheint, macht sich in den Cafés und Restaurants am Schulterblatt mediterranes Flair breit – mit Blick auf die Rote Flora, das bunte und frisch renovierte linke Zentrum.

Schanzenviertel
rund ums Schulterblatt, S-Bahnhof Sternschanze

2 Genießen
Schanzenviertel/Altona-Nord

Der kleine coole Grill

Fast Food muss nicht von minderer Qualität sein, das bezeugt der Lütt'n Grill im Schanzenviertel. Grillhähnchen sind hier einfach deluxe, die Dinger werden einen Tag lang in einer Kräutermarinade eingelegt. Das Geheimrezept besteht aus 16 Kräutern und Gewürzen, so viel ist bekannt. Und auch Promis lieben den Imbiss, siehe Fotowand im Lokal.

Lütt'n Grill
Max-Brauer-Allee 277
22769 Hamburg
T. 040 439 60 17
www.luettn-grill.de

3 Erleben
Schanzenviertel/Altona-Nord

Spaß im Unglücksstockwerk
Einfach reingehen und den langen Tresen bewundern. In stilvollem Ambiente beeindruckt die Bar mit großen Leuchtern, einer Lounge-Ecke und einer exzellenten, in dezent rotes Licht getauchten Bar. Aufgelegt werden vor allem Elektro-Sounds. Am Wochenende müssen Sie wegen des großen Andrangs an einem Türsteher vorbei. Cocktail-Highlight: Vanilla-Gurken-Fizz.

Bar Rossi
Max-Brauer-Allee 279
22769 Hamburg
T. 040 43 34 21
www.bar-rossi.de

4 Erleben
Schanzenviertel/Sternschanze

Wohltuende Aromatherapie
Urban ist im Schanzenviertel manches Mal ein Schimpfwort, wenn sich nach der nächtlichen Party die Hinterlassenschaften türmen. Aber auch das Ausgehviertel hat ein grünes Gewissen, in Form der Blütenvielfalt im Blumenladen Grüne Flora auf der Schanze. Das Lädchen ist liebevoll eingerichtet, der Duft allein verführt zum Einkehren. Allerdings hat die außergewöhnliche Form- und Farbvielfalt durchaus ihren Preis, wobei der absolut kompetente Service natürlich inbegriffen ist.

Grüne Flora
Schulterblatt 79
20357 Hamburg
T. 040 43 18 21 08
www.grueneflora.de
Mo–Fr 9–19 Uhr, Sa 10–17 Uhr

5 Genießen
Schanzenviertel/Sternschanze

Der schmilzt wie Butter im Mund
Das Herr Max im Schanzenviertel ist sicher das hippste Café der Stadt. Im eigenwilligen Kacheldesign und den im Kontrast dazu antik wirkenden Möbeln werden köstliche Kuchenkrea-

tionen kredenzt. Das Highlight ist ohne Zweifel der kanadische Käsekuchen, mit feiner Zitronennote und buttrigem Schmelz. Ein Genuss!

Herr Max
Schulterblatt 12
20357 Hamburg
T. 040 69 21 99 51
www.herrmax.de

6 Genießen
Schanzenviertel/Sternschanze

Auch Fußballprofis müssen frühstücken

Im Schanzenviertel herrscht Frieden zwischen dem HSV und dem FC St. Pauli. Wie kommt's? Nun, mit vollem Mund lässt sich schwer streiten. Und im Moraba (das ist persisch und heißt Marmelade) kommen gerne mal die Kickerpromis auf ein leckeres Frühstück zusammen. Kein Wunder, der Laden bietet tolle Brotbeläge an und punktet gerade in Hinsicht des hippen Umfelds mit äußerst fairen Preisen.

Moraba
Susannenstraße 6
20357 Hamburg
T. 040 45 03 84 97
tgl. ab 8 Uhr

7 Genießen
Schanzenviertel/Sternschanze

Ums Eck bei Erika

Alles zu und schon wieder Hunger? Bei Erikas Eck gibt es sogar Frühstück um Mitternacht und deftige Katersnacks zu kleinen Preisen, zwischen 17 Uhr und 14 Uhr des nächsten Tages. Die rustikale Institution an der Sternstraße war früher ein Treffpunkt für die Arbeiter des Schlachthofs, heutzutage finden bei Erika Nachtschwärmer und Partyflüchtige Unterschlupf.

Erikas Eck
Sternstraße 98
20357 Hamburg
T. 040 43 35 45
www.erikas-eck.de
tgl. 17–14 Uhr (So und Mo 9–17 Uhr geschlossen)

8 Erleben
Schanzenviertel/Sternschanze

Bezwinge den Kilimanschanzo!

Wenn Hamburger eines wissen, dann: Berge werden überschätzt, so! Und warum auch in die Ferne schweifen, wenn ganze 5873 Meter niedriger als sein Beinahe-Namensgeber in Tansania der Kletterberg Kilimanschanzo mitten im Schanzenviertel aufragt. Über 50 Routen warten in verschiedenen

Schwierigkeitsgraden auf Klettermaxe und -maxine. Es geht hinauf bis zur Kante des umfunktionierten ABC-Bunkers.

Kilimanschanzo e.V.
Schanzenstraße 69
20357 Hamburg
T. 040 25 48 54 29
www.kilimanschanzo.de

9 Genießen
Schanzenviertel/Sternschanze

Was für eine Schaumkrone!

Echte Bierliebhaber wissen das Handwerk der Braumeister zu schätzen und sollten ihnen einmal bei der Arbeit zuschauen, etwa im Braugasthaus Altes Mädchen im Schanzenviertel. Angeschlossen an das Gasthaus ist die Ratsherrn-Brauerei, wo mit viel Liebe die Hamburger Biertradition zum Leben wiedererweckt wird. Braumeister Thomas Kunst kreiert hier Pilsener und Rotbier.

Braugasthaus Altes Mädchen
Lagerstraße 28b
T. 040 800 07 77 50
www.altes-maedchen.com
Mo–Sa ab 12 Uhr, So ab 10 Uhr

10 Genießen
Schanzenviertel/Sternschanze

Fluss aus Gold und Cappuccino

Der perfekte Cappuccino? Der im Café Elbgold im Schanzenviertel auf dem alten Schlachthofgelände kommt dem verdammt nah. Kaffee ist hier eine der Spezialitäten und in vielen verschiedenen leckeren Variationen zu bekommen. Mitnehmen kann man die Hausmischung auch, aber vorher Kuchen! Nur ein Stück. Oder zwei.

Elbgold
Lagerstraße 34c
20357 Hamburg
T. 040 23 51 75 20
www.elbgold.com
Mo–Fr 8–19 Uhr, Sa und So 10–19 Uhr

11 Genießen
Schanzenviertel/St. Pauli

Es geht um die (Curry)Wurst

Bei Schorsch am Pferdemarkt auf St. Pauli schmeckt die Currywurst einfach am besten. Und das sagen wir nicht nur wegen des Restalkohols im Blut, keine Sorge. Die Wurst und vor allem die hausgemachte Soße sind Weltklasse – wie der FC St. Pauli nicht weit von hier, jedenfalls aus Hamburger Sicht. Übrigens: Wegen des winzigen Speiseraums wird dieses urige Lokal auch „Schmales Handtuch“ genannt.

Imbiss bei Schorsch das Original
Beim Grünen Jäger 14
20359 Hamburg
T. 040 43 09 19 25
www.imbiss-bei-schorsch.de

12 Genießen
Schanzenviertel/St. Pauli

Der hippste Kaffee der City

Die Kopiba ist eine In-Adresse in Sachen Kaffee auf St. Pauli. Hier wird nicht nur selbst gebrüht, sondern auch frisch geröstet. Der kleine feine Laden am unteren Ende des Schanzenviertels kommt einfach an. Beim ersten Schluck vergisst man dann auch den Automaten-Kapsel-Quatsch, den man sonst täglich in sich hineinschüttet. Ein leckerer Koffeinschub!

Kopiba Kaffeerösterei & Bar
Beim Grünen Jäger 24
20359 Hamburg
T. 040 34 38 24
www.kopiba.de

13 Entdecken
Karolinenviertel/St. Pauli

Den Zeitgeist im Nacken

Wem das Schanzenviertel zu chaotisch ist, der kann sich trotzdem dem Leben der jungen Szene und deren Zeitgeist im benachbarten Karolinenviertel hingeben. Der Puls schlägt durch die namengebende Karolinen- und die Marktstraße, mit vielen hippen Boutiquen, etwa Herr von Eden und Garment, ökologisch korrekten Schuhen bei Inga Thomas und einer Menge gemütlicher Cafés. Kulinarisch ist das Cento Lire ein Tipp: einer der besten Italiener der Stadt mit annehmbaren Preisen.

Karolinenviertel
U3 bis Feldstraße oder Metrobus Linie 3

14 Genießen
Karolinenviertel/St. Pauli

Urbanes Leben mit Spitzen-Burgern

Viele Lokale rühmen sich, den Hamburger zur kulinarischen Perfektion gebracht zu haben. Aber den wohl besten der Hansestadt gibt es bei Dulf's Burger in der Karolinenstraße. Bei Jung wie Alt gleichermaßen sind die auf schwarzen Tafeln stilsicher angebotenen Köstlichkeiten beliebt. Ein Tipp: Platz für den fantastischen Käsekuchen zum Nachtisch lassen!

Dulf's Burger
Karolinenstraße 2
20357 Hamburg
T. 040 46 00 76 63
www.dulfsburger.de

15 Entdecken
Karolinenviertel/St. Pauli

Des einen Schrott, des anderen Schatz

Der kultigste Flohmarkt der Stadt findet jeden Sonnabend im Karoviertel statt, auf dem Lattenplatz vor dem alten Schlachthof. Die Flohschanze ist direkt an der U3-Station Feldstraße gelegen – man fällt quasi aus der Bahn direkt in den bunten Trödel. Gerade junge Schatzsucher tummeln sich hier nur zu gerne.

Flohmarkt Feldstraße
Neuer Kamp 30
20357 Hamburg
jeden Sa 8–16 Uhr

16 Erleben
Karolinenviertel/St. Pauli

So klingt die Stadt wirklich

Die sogenannte Hamburger Schule brachte mit Bands wie Blumfeld und Die Sterne die deutsche Musiklandschaft ordentlich durcheinander. Es gibt eben mehr als Shanty-Chöre und Seemannslieder auf der Quetschkommode. Davon zeugt der kultige Plattenladen Die Hanseplatte. Hier kann man den echten Sound der City entdecken und auch musikalische Souvenirs mit Hamburgbezug mitnehmen.

Hanseplatte
Neuer Kamp 32
20357 Hamburg
T. 040 28 57 01 93
www.hanseplatte.de
Mo–Fr 11–19 Uhr, Sa 10–18 Uhr

17 Erleben
Karolinenviertel/St. Pauli

Die kultigste Fotobutze der Stadt

Inzwischen gibt es die Kästen an einigen Plätzen der Stadt und sogar in Bars, aber nirgends ist so ein Andrang wie am „Photoautomaten“ auf dem Gelände der alten Rinderschlachterei am Lattenplatz. Für 2 Euro quetschen sich hier Jung und Alt für vier Polaroid-Schnappschüsse gemeinsam in die stickige Kiste. Die Schwarz-Weiß-Bilder, die dann nach ein paar Minuten heraustickern, sind echte Andenken für immer.

Photoautomat am Neuen Kamp
Neuer Kamp 32
20357 Hamburg
www.photoautomat.de

18 Erleben
Kiez/St. Pauli

Die Rocker unter den Stadtführern

Bei Tiegervogel und Aal Fatal handelt es sich nicht um Stripclub oder Fischmarktspezialität, aber damit lägen Sie schon ganz nah dran. Die beiden Schnacker und Musiker sind Experten für die rockigen Seiten des Kiez, kennen sich von Star-Club bis Slime, von Liverpool bis Lindenberg, von Tüdelband bis Turbonegro hervorragend aus. Wer mit ihnen am frühen Sonnabendabend über die Reeperbahn und drumherum zieht, kann erst mit Fug und Recht behaupten: In Sachen Kiez habe ich alles Rockende gesehen! (25 Euro, ermäßigt 11 Euro).

Tiegervogel & Aal Fatal
Buchungen und Informationen unter T. 0176 49 04 53 00 und vogelaal@vogelaal.de
www.kiezgehrockrevue.de
Treffpunkt Beatles-Platz (Ecke Reeperbahn / Große Freiheit), Sa 17 Uhr

19 Entdecken
Kiez/St. Pauli

Auf der Reeperbahn tags um halb 1

Wenige Touristen kommen auf die Idee, mal tagsüber über die Reeperbahn zu schlendern. Schließlich will der nachts redlich erworbene Rausch ausgeschlafen werden. Ein Tageslichtbummel über den Kiez gewährt aber besondere Einblicke in die sündige Meile. Zwischen Spielbudenplatz und Nobistor lässt sich einiges entdecken, was man im bunten Neonlicht nachts schnell übersieht. Und wirklich schön ist ein Bummel durchs Dorf, denn St. Pauli hat mit seinen vielen kleinen Gassen und Lädchen fast provinziellen Charme. Fremdenführerin Martine Thürcke veranstaltet jeden Mittwoch ab 15 Uhr und jeden Sonnabend ab 11 Uhr ihre ganz persönliche Tour durchs Viertel (28 Euro inklusive ausgesuchter Kostproben und einem Glas Wein bei direkter Buchung).

Tageslichtbummel über den Kiez
www.shopseeing.de
Treffpunkt Kleine Freiheit/ Ecke Simon-Von-Utrecht-Straße/ Ecke Holstenstraße

20 Genießen
Kiez/St. Pauli

Wo der Serienmörder einst Stammgast war

Vielleicht ist der Goldene Handschuh von allen Kiezkneipen die berüchtigste. Legenden ranken sich um den Laden, einige davon sind wahr. So war der Goldene Handschuh etwa in den 1970ern die Stammkneipe des Serienmörders Fritz Honka. Hier lernte er auch seine Opfer kennen, die er in seiner Wohnung später tötete und ihre Leichen ... nun ja, die grausamen Details sind heute auch egal. Wagemutige treffen in der Kneipe dieser Tage allerdings eher auf skurrile Stammgäste und eine schummrige Atmosphäre.

Zum Goldenen Handschuh
Hamburger Berg 2
22607 Hamburg
T. 040 31 06 90
www.goldener-handschuh.de

21 Erleben
Kiez/St. Pauli

Kurvenreiche Königinnen

Ordinäre Stripclubs gibt es auf dem Kiez wie Sand am Meer, wer auf Ausziehen mit Niveau Wert legt, schätzt Burlesque, denn das ist Kunst, Spaß und Erotik mit Augenzwinkern. Dazu tönt auch mal satter Rock 'n' Roll aus den Boxen, wo Queen Calavera residiert. Das ist Deutschlands erste Burlesque-Bar, deren Besuch auch Frau sicher nicht bereuen wird.

Queen Calavera
Gerhardstraße 7
20359 Hamburg
www.queencalavera.com
Do–Sa ab 21 Uhr, Showtime 23 Uhr

22 Erleben
Kiez/St. Pauli

Gesandter aus dem Partykosmos

Der Komet-Club erstrahlt in Rot und ist eine ehrliche Szenekneipe jenseits der ausgetretenen Kieztouripfade. Eine Jukebox liefert Hits bei den beliebten Partys, am Kicker kann man sich immer vergnügen und Karaoke gibt es ab und zu auch. Das Beste aber: Hier wird der Gast akzeptiert, wie er ist, nicht mehr und nicht weniger. Dresscode nicht vorhanden.

Komet
Erichstraße 11
20359 Hamburg
T. 040 27 86 86 86
www.komet-st-pauli.de
tgl. ab 21 Uhr

23 Erleben
Kiez/St. Pauli

Gummi für alle

Manchmal kommt es auf die Größe an, jedenfalls in der Condomerie Hamburg. Wer nachweislich ein 29 Zentimeter langes Kondom zu füllen vermag, bekommt hier einen 100-Euro-Gutschein geschenkt. Bisher haben das angeblich nur sieben Herren vollbracht. Nun gut, aber auch normal oder gering oder gar gänzlich unbestückte Besucher können sich eine Vielzahl skurriler Verhüterlis anschauen oder mitnehmen.

Condomerie Hamburg
Spielbudenplatz 18
20359 Hamburg
T. 040 319 31 00
www.condomerie.de

24 Genießen
Kiez/St. Pauli

Herrlich ranzig

Ein bisschen runtergekommen gehört zur Reeperbahn, das ist klar. Das Clochard hat ebensolchen Charme, der gehört zum Konzept. Hier trifft man besonders hartnäckige Kiezgänger, die die Nacht nicht loslassen wollen, wie auch Inventargestalten, die seit Jahren auf ihren Hockern festgewachsen zu sein scheinen. Wenn alle irgendwie durch sind, gibt es kostenlose Schmalzbrote aus der Schmalzbrotecke. Dazu auf dem Balkon mit einem letzten Astra den Blick auf den Kiez genießen.

Clochard
Reeperbahn 29
20359 Hamburg
T. 040 319 62 30
www.derclochard.de
tgl. 24 Stunden geöffnet

25 Entdecken
Kiez/St. Pauli

Late Night Shopping

Ausgerechnet auf der Reeperbahn gibt es einen Wochenmarkt, aber natürlich passend nur zu später Stunde! Ob Käse, Fisch, Obst oder Gemüse: Der Nachtmarkt auf der sündigen Meile füllt den Kühlschrank mit frischen Waren. Jeden Mittwochabend bieten Händler aus der Region auf dem Spielbudenplatz ihre Waren an. Besonders beliebt ist der Wochenmarkt bei jungen Leuten und Kiezgrößen, also ab ins Getümmel!

St. Pauli-Nachtmarkt auf der Reeperbahn
Spielbudenplatz 8
20359 Hamburg
April bis September Mi 16–23 Uhr, Oktober bis März Mi 16–22 Uhr

26 Erleben
Kiez/St. Pauli

Abwärts in den Partyhimmel

Unscheinbar ist der Platz vor den sogenannten Tanzenden Türmen an der Reeperbahn 1. Aber nachts gehen die Luken auf und der neue Mojo Club öffnet seine Pforten. Der vor Kurzem frisch renovierte Club ist angesagter denn je, bietet Partys wie die berüchtigte Bucovina und Konzerte der angesagtesten Acts aus Indie, Soul, Rap und Rock.

Mojo Club
Reeperbahn 1
20359 Hamburg
T. 040 3 19 19 99
www.mojo.de

27 Genießen
Kiez/St. Pauli

Das Miller aus dem Millerntor

Wenn auf Pauli im Millerntorstadion die Post abgeht, ist es in dieser Café-Kneipe richtig eng und bierselig-stimmungsvoll: An der Großbildleinwand und zwei Bildschirmen wird dann das Paulispiel mit Frischgezapftem, leckeren Sandwiches und hausgemachten veganen Torten zelebriert.

Miller – Café, Bar, Kneipe
Detlev-Bremer-Straße 16,
20359 Hamburg
T. 040 31 57 19
www.cafe-miller.de
tgl. ab 9 Uhr, Frühstück bis 14 Uhr

28 Genießen
Kiez/St. Pauli

Ganzheitlicher ayurvedischer Genuss

Das Maharaja ist für viele Hamburger der beste Inder der Stadt, weshalb man abends immer einen Platz reservieren sollte. Das Geheimnis könnte der ayurvedische Einfluss auf die Rezepte sein, denn hier wird der Nahrung auch heilende Wirkung zugesprochen. An der Detlev-Bremer-Straße und den beiden anderen Filialen werden deshalb auch exotische Gemüse wie Kathal, Louki oder Patediya-Blätter verwendet. Und wer auf Fleisch verzichten kann, kommt trotzdem zum vollen Genuss.

Maharaja
Detlev-Bremer-Straße 25–27
20359 Hamburg
T. 040 3 17 49 28
www.maharaja-hamburg.de
Mo–Fr 12–24 Uhr, Sa–So 14–24 Uhr

29 Genießen
Kiez/St. Pauli

Die unersättliche Mimose

Das schmucke kleine Café Mimosa ist rustikal und rühmt sich damit, das Menü mit hausgemachten Köstlichkeiten zu bestücken. Von deftig bis süß gibt es eine reiche Auswahl, etwa Brioche mit Beerenmarmelade oder Zitronensorbet, Kekse und Kuchen, zum Mittag auch Pizza, Pasta, Suppe und Salate. Ein kurzer Snack wird hier selten konsumiert, es darf dann am Ende doch etwas mehr sein.

Café Mimosa
Clemens-Schultz-Straße 87
20359 Hamburg
www.cafemimosa.de
Mi–So 10–19 Uhr

30 Genießen
Kiez/St. Pauli

Wo früher die Stars einkehrten

Wo Henry Hübchen den Film „Polnische Ostern" filmte, hat seit 1958 ein Kiezoriginal Bestand: die Konditorei Holger Rönnfeld. Der traditionelle Handwerksbetrieb verdient noch heute diesen Namen, denn die feinsten Backwaren auf St. Pauli kommen direkt aus der Hand von zwei Meistern und Gesellen. Ein Highlight sind die Marzipankreationen, etwa Herzen und Hochzeitstorten.

Konditorei H. Rönnfeld
Hein-Hoyer-Straße 52
20359 Hamburg
T. 040 31 35 36
www.hochzeitstorten-hamburg.de

31 Genießen
Kiez/St. Pauli

Lecker schmakofatze Feinkost

Echte italienische Salami, frischer Pecorino, Ciabatta, Oliven, Pesto, Weine, ach, das wär's jetzt! Eine vielfältige Auswahl südländischer Spezialitäten bietet Feinkost Schmakazien. Die Beratung ist dabei kompetent und dennoch freundlich, zwei kleine Tische laden zum Kosten der Waren ein. Wer sich danach die Beutel nicht vollmacht, verpasst was!

Feinkost Schmakazien
Hein-Hoyer-Straße 57
20359 Hamburg
www.schmakazien-laden.de
Di 15.30–19 Uhr, Mi–Fr 9.30–12.30 und 14.30–19 Uhr, Sa 10–16 Uhr

32 Genießen
Kiez/St. Pauli

Schwaben im Exil

Auf köstliche hausgemachte Maultaschen muss auch im Norden niemand verzichten, im Brachmanns werden saisonale Spezialitäten mit schwäbischem Akzent serviert, am Montag gibt es meist eine besondere Selektion. Dabei werden die regionalen Zutaten auf Wunsch auch vegan zubereitet, so modern ist man hier schon. Selbstredend geht es auch ohne Geschmacksverstärker und andere Pülverchen zu, frisch ist frisch, da kennt der Schwabe nichts!

Brachmanns
Hein-Hoyer-Straße 60
20359 Hamburg
T. 040 67 30 51 23
www.brachmanns-galeron.de
Mo–Sa 18.30–23 Uhr

33 Genießen
Kiez/St. Pauli

Beim verrückten Horst

Wie, schon geschlossen? Nicht beim Crazy Horst, der nimmt alle Vertriebenen aus den umliegenden und früh schließenden Restaurants gerne auf. Und dann geht es weiter bis in die Morgenstunden. Die Kiezkneipe gibt es seit mehr als 30 Jahren, drinnen sieht es immer aus wie an Silvester, am Wochenende wird dort auch ähnlich bunt gefeiert. Hingehen und staunen.

Crazy Horst
Hein-Hoyer-Straße 62
20359 Hamburg
www.crazyhorst.com
Mo–Do und So 21–4 Uhr, Fr–Sa bis 21–6 Uhr

34 Entdecken
Kiez/St. Pauli

Dem größten Beatle auf der Spur

Rock-'n'-Roll-Fans kennen es, das berühmte Bild von Jürgen Vollmer, das 1975 für die Soloplatte des Kult-Beatles John Lennon verwendet wurde. Nun, das Coverfoto der Platte „Rock 'n' Roll" entstand auf St. Pauli, im Hauseingang Nr. 1 eines versteckten Hinterhofes in der Wohlwillstraße. Hier posierte der Musiker 1961, und Beatles-Fans können es ihm gleichtun. Aber: Bitte unbedingt Rücksicht auf die Anwohner nehmen, Ruhe bewahren und nicht gegen die Klingeln lehnen. Das wäre so gar nicht Rock 'n' Roll!

Jägerpassage
Wohlwillstraße 22
20359 Hamburg

35 Genießen
Kiez/St. Pauli

Kein Kiezen ohne kleine Pause

Die kaltschnäuzige Bedienung gehört dazu, aber hier meint es niemand böse, denn die Kleine Pause ist absoluter Kiezkult. In dem urigen Imbiss an der Ecke Wohlwillstraße/Otzenstraße hat sich schon jeder Kiezgänger einmal den Kater mit einem salzigen Snack vertrieben. Hier pulsiert fast durchgängig das Leben.

Bistro Kneipe Kleine Pause
Wohlwillstraße 37
20359 Hamburg
T. 040 430 14 03
www.kleine-pause.de
Mo–Do 7–3 Uhr, Fr 7–5 Uhr, Sa 9–5 Uhr, So 9–2 Uhr

36 Erleben
Kiez/St. Pauli

Unsere Champions der Herzen

Nichts gegen den HSV, jedem seins, aber die Fußballhelden der Hansestadt sind die Underdogs. Im Millerntorstadion auf dem Heiligengeistfeld wird gesungen: „Come on, you boys in brown!“ Ein Erlebnis für jeden Kickerfan ist die Südtribüne des FC St. Pauli, Stehplatz der Preisbewussten, der Textsicheren, der Ultras und der Harten – die trotzdem ganz handzahm sind, keine Sorge. „Verzeihung, dürfte ich mal mit dem Bier vorbei?“, so was hört man jedenfalls nicht in jedem Stadion. Maues Spiel, laute Gesänge, gehört alles irgendwie dazu, zu diesem Fußballfest.

Millerntorstadion
Harald-Stender-Platz 1
20359 Hamburg
T. 040 31 78 74 51 (Karten- und Servicecenter)
www.fcstpauli.com

37 Genießen
Kiez/St. Pauli

Burger ohne Ende

Die Burger-Restaurants breiten sich in der kulinarischen Szene der Stadt aus – das zeigen die Neueröffnungen der letzten Jahre. Daher ist wichtig zu wissen, welches das beste, ausgefallendste und authentischste ist. Eines davon ist in der Trommelstraße, einer ruhigen Nebenstraße der Reeperbahn. Dort befindet sich The Bird, das vor allem für seine riesigen Burger bekannt ist. Als Beilage gibt es hausgemachte Fritten mit einer üppigen Soßenauswahl.
Die Burger tragen zum Beispiel Namen wie „The Dr. Zian“ (Bacon und Blauschimmelkäse). Der amerikanische Betreiber meint es nicht ganz ernst, wenn er auf der Karte schreibt: „Dieser Burger enthält genug Fett, um einen Esel zu töten.“ Wer kein Burger-Fan ist, sollte sich keine Sorgen machen. Es gibt auch vorzügliche Black-Angus-Steaks, die grammgenau abgewogen werden. Gutes Preis-Leistungs-Verhältnis. Am Wochenende sollte man reservieren.

The Bird
Trommelstraße 4
20359 Hamburg
T. 040 75 66 23 33
www.thebirdinhamburg.com

Der Hamburger Westen

Altona-Altstadt
Altona-Nord
Ottensen
Bahrenfeld
Övelgönne
Othmarschen
Groß Flottbek
Nienstedten
Osdorf
Lurup
Iserbrook
Sülldorf
Schenefeld (Kreis Pinneberg)
Blankenese
Rissen
Wedel (Kreis Pinneberg)

1 Erleben
Altona-Altstadt

Ein Pflaster fürs Laster

Rauchen ist ungesund und kann tödlich und daher besonders töricht sein, aber wer es dennoch nicht lassen kann oder will: Im Zigarrenmacher, ehemals Otto Hatje Zigarrenladen, gibt es Zigarren made in Hamburg. Seit 1922, damals noch betrieben von Namensgeber Hatje, ist der Laden im Herzen Altonas erster Anlaufpunkt für „Suchtis", wie wir sie mal liebevoll nennen möchten. Immerhin gibt es hier schon für 3 Euro garantiert gute Räucherware ohne Kunsttabak.

Der Zigarrenmacher
Alte Königstraße 5
22767 Hamburg
T. 040 38 54 09
www.derzigarrenmacher.de

2 Entdecken
Altona-Altstadt

Ort der Ruhe am Ende des Kiezes

Entfernt man sich nach Westen von der Reeperbahn Richtung Altonaer Kern, stolpert man unverhofft am Nobistor über einen bedeutenden Friedhof. Dieser ist ein wichtiges Zeugnis jüdischer Geschichte in Hamburg. Das Gräberfeld, das von 1611 bis 1877 unterhalten wurde, dient Historikern noch immer zur Forschung. Wegen seiner Größe (1,9 Hektar), des Alters und der großen Zahl seiner Grabsteine (rund 7600) und der vielen Gräber sephardischer Juden ist der Jüdische Friedhof Altona zur Aufnahme in das UNESCO-Weltkulturerbe angemeldet worden.

Jüdischer Friedhof Altona
Königstraße 10a
22767 Hamburg
T. 040 30 03 59 84
www.jüdischer-friedhof-altona.de

3 Erleben
Altona-Altstadt

Badespaß im Westen

Von allen Bädern Hamburgs gehört das Festland wohl zu dem beliebtesten bei Kindern. Hier ist immer Rambazamba im Nass angesagt, aus allen Richtungen und Winkeln spritzt einem Wasser ins Gesicht. Gut, dass es natürlich auch ruhige Bahnen für die Großen gibt, das schont die Nerven.

Bäderland Festland
Holstenstraße 30
22767 Hamburg
T. 040 18 88 90
www.baederland.de/bad/festland

4 Erleben
Altona-Nord

Die Bühne für jedermann

Der Bürgertreff Altona-Nord ist ein Stadtteilzentrum mit Kultur- und Bildungsangeboten, ein Treffpunkt für Initiativen, Freizeit- und Selbsthilfegruppen, ein Ort des Austausches und der Ideenentwicklung, außerdem Veranstaltungsort für Musik und Theater, Tagungen, Seminare, Feste und Feiern. Jede/r unabhängig von Alter, Geschlecht und Herkunft ist willkommen und eingeladen, das Haus zu nutzen. Auf der Bühne im Bürgertreff treten regelmäßig Improtheatergruppen auf. Freuen Sie sich auf improvisierte Unterhaltung vom Feinsten! Nebenan serviert das Restaurant Breitengrad Spezialitäten aus Sri Lanka.

Bürgertreff Altona-Nord
Gefionstraße 3
22769 Hamburg
T. 040 49 20 01 83
www.theaterclub-hamburg.de

5 Entdecken
Altona-Nord

Stille Kraft der Götter

Fernab der Hektik zum Gebet einkehren oder einfach die Ruhe auf sich wirken lassen, den Großstadtpuls herunterkühlen: In der ehemaligen Kapelle des Helenenstifts – gleich neben der viel befahrenen Max-Brauer-Allee – ist jeder willkommen. Die weißen Wände und das verzierende Oktogon im Parkett sind Zuflucht für Gläubige aller Religionen wie auch Atheisten. Nur eines ist Pflicht: Schuhe ausziehen! Auf den Kissen lässt sich so am entspanntesten meditieren und ruhen.

Kirche der Stille
Helenenstraße 14
22765 Hamburg
www.kirche-der-stille.de
Mo–Fr 12–18 Uhr

6 Entdecken
Altona-Nord

Kaserne mit Kunst

Anstatt strengem militärischem Ton regiert jetzt die Kunst in der ehemaligen Viktoria-Kaserne. Rund hundert Künstler des Vereins Frappant haben die massiven roten Backsteinwände belebt und gehen hier ihrem kreativen Schaffen nach. Egal ob Designer, Architekten oder Maler, jeder Besuch zeigt eine Vielfalt talentierter Geister. Wer Einblick in eines der Ateliers haben möchte, spricht am besten die freundlichen Kreativen draußen im Hof an.

Frappant e.V. – In der Viktoria-Kaserne
Zeiseweg 9
22765 Hamburg
www.frappant.org

7 Genießen
Altona-Nord

Speisen wie in tibetischer Höhe

Wo ein gebürtiger Tibeter seine Gäste mit den Köstlichkeiten des Himalayas bekocht, da ist exotischer Genuss in greifbarer Nähe, ganz ohne nervenaufreibende Flugreise. Ob mit oder ohne Fleisch, das Tibet-Restaurant bietet jene feine Würze, die wohlige Ferne schmecken lässt. Ein Hochgenuss.

Tibet-Restaurant
Harkortstieg 4
22765 Hamburg
T. 040 38 61 16 62
www.tibet-restaurant.de
Di–So 17–22 Uhr, Sa–So auch 12–15 Uhr

8 Genießen
Ottensen

Eis, Eis, Baby!

Der wohl populärste deutsche Nachname steht auch für das populärste Eis in Hamburg. Bei den Schmidts gibt es mehr als nur Standardsorten, besonders die fruchtigen Variationen sind manchmal etwas ausgefallener und immer eine Versuchung wert. Das wissen viele: In der Mittagspause reihen sich die Eisverrückten vor der beliebten Filiale in Ottensen ein. Wer Geduld mitbringt, wird eiskalt und köstlich belohnt.

Eis Schmidt
Ottenser Hauptstraße 37
22765 Hamburg
www.eis-schmidt.com
tgl. 11–22 Uhr

9 Entdecken
Ottensen

Über Ottensens Aufstieg zu neuem Glanz

Immens steigende Mietpreise und eine neue Bar nach der anderen belegen, dass Ottensen derzeit zum hippsten Viertel der Hansestadt aufsteigt. Dabei war es einstmals ein Bauerndorf, später einfaches Arbeiterviertel. Wo hat der Wandel angefangen? Das kann man im Stadtteilarchiv nachvollziehen. Die Ausstellung erzählt viel über die Industriegeschichte, aber auch die jüdische Geschichte des heute trendigen Ottensen.

Stadtteilarchiv Ottensen e.V.
Geschichtswerkstatt für Altona
Zeißstraße 28
22765 Hamburg
T. 040 390 36 66
www.stadtteilarchiv-ottensen.de
Di–Mi 9.30–13 Uhr und 14–16.30 Uhr, Do 14–19 Uhr

10 Entdecken
Ottensen

Pizza kiloweise

Der kleine Laden ist besonders für den kleinen und/oder schnellen Hunger geeignet. Auf den ersten Blick lassen einen die Preise erschrecken, bis man dann begriffen hat, dass es Kilopreise sind. Die Pizzen werden je nach Größe exakt abgewogen und bezahlt. Die Auswahl ist übersichtlich, aber für jeden Geschmack ist etwas dabei. Der Pizzaboden ist schön dünn und knusprig, so wie es sein soll.

Pizza al Taglio Via Vai
Bahrenfelder Straße 223
22761 Hamburg
T. 040 79 69 26 26
Mo–Fr 12–23.30 Uhr, Sa 17–23.30 Uhr

11 Genießen
Ottensen

Wie ein Maitag mit Freunden

„Eine geile Kneipe mit Stil", tönt jemand im Internet über die urig-rustikale Bar Mayday in Ottensen. Das Bier ist hier günstig, aber das ist nicht das Hauptargument für das Mayday, sondern die am Wochenende aufspielenden Livebands. Die bieten einen coolen Soundtrack zu einer Runde Billard oder dem nächsten Tischfußballturnier mit Freunden.

Mayday
Bahrenfelder Straße 247
22765 Hamburg
www.mayday-live.de
So–Do 19–2 Uhr, Fr und Sa auch länger

12 Erleben
Ottensen

Der berühmte Bonbonschuppen

Sogar TV-Dokuteams waren hier schon, um zu filmen, wie Bonbons, gebrannte Mandeln oder Knabbernüsse hergestellt werden. Der Bonscheladen in Ottensen ist Kult geworden, auch wegen Lutschleckereien mit exotischen Zutaten wie Curry oder Chili. Wer sich die Hände nicht klebrig machen will, nimmt am besten fertige Kreationen mit.

Bonscheladen
Friedensallee 12
22765 Hamburg
T. 040 41 54 75 67
www.bonscheladen.de

13 Erleben
Ottensen

Sich beim Bauen austoben

Nicht nur Kids in Eppendorf können sich auf einem Bauspielplatz austoben, das geht auch mitten im beliebten Ottensen, auf einem der besten Spielplätze Hamburgs. Der Abenteuer- und Bauspielplatz bietet viele Möglichkeiten zum Klettern und Kriechen, Sägen und Hämmern, oder einfach zum Bolzen auf dem Platz nebenan. Nachmittags werden die Kinder und Jugendlichen von Pädagogen betreut, und den Baui für Feiern mieten kann man auch!

SpielPlatzInitiative Ottensen e. V.
Am Born 9
22765 Hamburg
T. 040 390 09 04
www.spio-ev.de

14 Genießen
Ottensen

Richtig liebenswertes Eis

Welche Sorte spendiert man wohl seiner Angebeteten beim ersten Date? Steht sie klassisch auf Vanille oder etwas Ausgefallenes? Nicht nur Liebende stehen bei der Eisliebe vor der Qual der Wahl. Ob Zimt/Pflaume, Johannisbeer/Joghurt oder das angeblich beste Schokoladeneis der Stadt – in Ottensen und Hoheluft-West lieben alle dieses Eis, daher kann es zu langer Schlangenbildung an heißen Tagen kommen.

Eisliebe
Bei der Reitbahn 2
22763 Hamburg
(und Eppendorfer Weg 170, 20253 Hamburg)

15 Genießen
Bahrenfeld

Einkehren im Bauernhaus des Volksparks

Der Volkspark ist ziemlich groß, ein ausgedehnter Spaziergang hier kann auslaugen. In solchen Fällen lohnt sich ein Besuch im urgemütlichen Bauernhaus, das 1914 anlässlich der Garten-Ausstellung Altona errichtet wurde. Ursprünglich stand es sogar in Elbnähe, an der heutigen Fischersallee, wurde aber bald dort ab- und im Volkspark am heutigen Standort wieder aufgebaut. Seither kann man hier an Sonn- und Feiertagen besonders nett brunchen, bei gutem Wetter sogar auf der großen Terrasse. So geht Landleben in der City!

Das Bauernhaus
Nansenstraße 82
22525 Hamburg
T. 040 52 01 43 34
www.dasbauernhaus.de

16 Erleben
Bahrenfeld

Minigolf im Riesenpark

18 Bahnen unter hohen Bäumen des riesigen Altonaer Volksparks versprechen Minigolfvergnügen, wie es schöner in Hamburg nicht zu finden ist! Wer sich nicht auf den Bahnen bei Minigolf Brandt tummeln will, der kann sich alternativ auch auf 18 Tischen auf einer Pit-Pat-Billard-Anlage versuchen. Dabei wird ein kleiner Ball mit einem Queue in die passenden Löcher befördert.

Minigolf Brandt
Nansenstraße
22525 Hamburg
T. 040 54 59 67
www.minigolf-brandt.de
tgl. 14–20 Uhr

17 Entdecken
Bahrenfeld

Der große Unbekannte

Der Stadtpark liegt zentraler und hat einige Attraktionen wie die Freilichtbühne oder das Planetarium zu bieten, aber der 205 Hektar große Altonaer Volkspark in Bahrenfeld ist Hamburgs größter öffentlicher Park! Der Kernbereich steht seit 2002 unter Denkmalschutz, hier kann man sogar in einem richtigen Wald spazieren, ohne das Stadtgebiet verlassen zu müssen. Und vom Tutenberg, der streng geometrisch angelegt wurde, kann man weit über die Autobahn 7 bis zum Volksparkstadion (siehe Tipp 20) und den Kirchtürmen der Innenstadt blicken.

Altonaer Volkspark
August-Kirch-Straße
22525 Hamburg

18 Entdecken
Bahrenfeld

Farbenpracht

Der über Hamburgs Grenzen hinaus berühmte Dahliengarten im Altonaer Volkspark zieht besonders zur Blütezeit im Spätsommer und Frühherbst mit seinen rund 600 verschiedenen Dahliensorten und 11 000 Einzelpflanzen zahlreiche Besucher an. Er ist Europas ältester noch bestehender Garten dieser Art. Im Museumsbeet gibt es eine große Anzahl antiker Dahlien zu bestaunen. Furore machen die speziell ausgebildeten Gärtner immer wieder mit einigen Weltpremieren sowie mit nach Prominenten benannten Dahliensorten.

Dahliengarten im Altonaer Volkspark
Luruper Chaussee/
Stadionstraße 10
22525 Hamburg
T. 040 428 11 36 13
www.hamburg.de/altona/dahliengarten
Geöffnet von Mitte Juli bis zum ersten Nachtfrost

19 Entdecken
Bahrenfeld

Ein Garten der Ruhe und Erholung

Am Rande des Altonaer Volksparks befindet sich der Schulgarten. Er wurde früher für den gärtnerischen und botanischen Schulunterricht angelegt. Altonaer Schulen erhielten sogar einige Gartenabschnitte zur Bearbeitung. Mit seinem „Pinguinbrunnen“ und dem in den

1920er-Jahren erbauten Pavillon ist er heute ein üppiger, liebevoll gepflegter Stauden-, Rosen- und Blumengarten. Die vielen, teils schattigen Bänke laden zum Verweilen in dem nur wenigen Eingeweihten bekannten Garten ein.

Schulgarten im Altonaer Volkspark
August-Kirch-Straße/
Schulgartenweg
22525 Hamburg

20 Entdecken
Bahrenfeld

Auf Du und Du mit den Bundesliga-Dinos
In der Geschichte des größten Fußballklubs der Stadt mag es viele Aufs und Abs geben, aber die Fans halten den Jungs und Männern des Hamburger Sportvereins, kurz HSV, die Treue. Immerhin ist das Team ein Erstliga-Dinosaurier und als einziger Klub seit 1963 in der Spitzenklasse dabei! Um Autogramme der aktuellen HSV-Spieler zu ergattern, empfiehlt sich das – allerdings nicht immer stattfindende – Sonntagstraining des Klubs, das meist gegen 10 Uhr im Volksparkstadion anberaumt wird und besucht werden kann.

Volksparkstadion
Sylvesterallee 7
22525 Hamburg
www.hsv.de

21 Erleben
Bahrenfeld

Geschichte des Kicks

Wenn HSV-Fans mal wieder wegen einer Niederlagenserie darben, können sie in alte Glanzzeiten flüchten. Gelegenheit dazu bietet das HSV-Museum, das an vergangene Fußballwelten erinnert. Auch durch das alte Stadion, in dem die Kicker einst erfolgreich waren, wird geführt, und das täglich.

HSV-Museum
Sylvesterallee 7
22525 Hamburg
www.hsv-museum.de
T. 040 41 55 15 50
Mo–So 10–18 Uhr

22 Entdecken
Övelgönne

Ein museumsreifer Hafen

Seit dem 19. Jahrhundert ist die ehemalige Fischer- und Lotsensiedlung Övelgönne mit ihren Fachwerkhäusern ein beliebtes Ausflugsziel. 1977 kam eine besondere Attraktion hinzu, der Museumhafen. Rund 20 Schiffs-Oldtimer haben ihren Liegeplatz direkt am Anleger Neumühlen/Övelgönne. Viele der Schiffe wurden in mühevoller jahrelanger Arbeit anhand von historischen Modellen und Zeichnungen restauriert. Die „Elbe 3“ etwa gilt heute als ältestes fahrbereites Feuerschiff der Welt. Auf Höhe des Othmarscher Elbufers kreuzte der jetzt im Övelgönner Museumshafen liegende Fin-

kenwerder Kutter Freiherr von Maltzahn. Die Abkürzung „HF" steht für Hamburg Finkenwerder. Seit dem 17. Jahrhundert betrieben die Finkenwerder intensive Fischerei, die allerdings durch den Konkurrenzdruck der Hochseefischerei zunehmend an Bedeutung verloren hat.

Museumshafen Oevelgönne e.V.
Neumühlen
22763 Hamburg
T. 040 41 91 27 61
www.museumshafen-oevelgoenne.de
Der Museumshafen ist öffentlich und kann jederzeit besichtigt werden.
Anfahrt: Bus 112 oder Hafenfähre 62 bis Neumühlen/Övelgönne

23 Entdecken
Övelgönne

Aktiv in den Tag starten

An der Alster ist es oft eher Schaulaufen als ungestörtes Joggen, so ehrgeizig ist dort mancher Läufer in knallbunter Funktionskleidung zugange. Es gibt aber auch Alternativen, etwa vom Neumühlener Museumshafen einmal nach Teufelsbrück und zurück zu joggen. Viele sagen, das sei Hamburgs schönste Strecke, gerade weil sie auf ihrer gesamten Länge an der Elbe entlangführt. Hier joggt übrigens auch manchmal der amtierende Erste Bürgermeister Olaf Scholz entlang.

24 Genießen
Övelgönne

Eine echte Imbissperle

Nur nicht erschrecken, wenn einer der Elbriesen mal wieder laut durch den Hafen röhrt, die gute Wurst könnte noch im Sand landen. Schließlich wollen wir nicht den Strandperle-Imbiss verschandeln, denn er ist quasi 100 Prozent Hamburg, mehr Elbe geht nicht. Auch genervte Einheimische kommen gerne zum Entspannen her, denn: Wenn man kurz mal vergessen hat, weshalb man diese Stadt so mag – hier fällt es einem wieder ein.

Strandperle

Övelgönne 60
22605 Hamburg
www.strandperle-hamburg.de
Mo–Do ab 10 Uhr, Sa–So ab 9 Uhr

25 Entdecken
Övelgönne

Mehr als nur ein großer Stein – ein Freund

Ein Picknick an der Elbe ist immer schön, auch wenn man alleine ist. Gesellschaft und Schatten spendet der Alte Schwede, der große Stein, ein Findling aus der Strommitte. Der Elbblick ist hier grandios, der Strand sandig, das Bier perlt. Und Nachschub an Snackbedarf bietet ein kleiner Kiosk. So lassen sich herrliche Stunden verbringen, und die Einsamkeit vergeht.

Elbstrand am Alten Schweden

Zu erreichen von der Elbchaussee über den Fußweg Övelgönner Hohlweg

26 Entdecken
Övelgönne

Poesie erleben an der Ringelnatztreppe

Wann haben Sie zuletzt mal ein Gedicht aufgesagt oder gar auswendig gelernt? Wird mal wieder Zeit, oder? Von der Elbchaussee geht es über die legendäre Ringelnatztreppe auf 113 Stufen runter an die Elbe, und dabei kann man eines der schönsten Hamburggedichte auswendig lernen: „In Hamburg lebten zwei Ameisen / die wollten nach Australien reisen. / Bei Altona auf der Chaussee / da taten ihnen die Beine weh / und da verzichteten sie weise / dann auf den letzten Teil der Reise." Höhe Halbmondsweg erst auf den Övelgönner Hohlweg, von da geht die Ringelnatztreppe ab. Dem Gedicht von Joachim Ringelnatz wurde sogar an der Ecke Liebermannstraße/Elbchaussee ein kleines Denkmal gewidmet.

Ringelnatztreppe
Halbmondsweg/Övelgönner Hohlweg
22605 Hamburg

27 Genießen
Othmarschen

Unaufgeregt entspannen nach der Arbeit
Das Café Newport hat sich einen Ruf erarbeitet, der eine sehr erholsame Atmosphäre verspricht. Nach einem langen Arbeitstag kann man hier toll mit einem Bier oder Glas Wein entspannen. Im Sommer kann man draußen sitzen. Vielfältige Frühstücksauswahl bis 13 Uhr. Klein und trendy eingerichtet.

Café Newport
Waitzstraße 18
22607 Hamburg
www.newportcafe.de
T. 040 22 62 30 45
Mo–Fr 8–18 Uhr, Sa 8–14 Uhr

28 Entdecken
Groß Flottbek

Im Gedenken an eine große Frau
Nebenan büffeln die Biologie-Studenten der Hamburger Uni, während Besucher das satte Grün genießen können – im Botanischen Garten, auch Loki-Schmidt-Garten, nach der Kanzlergattin (1919–2010) benannt. Hier gibt es allerlei Pflanzen aus aller Welt zu bewundern, dazwischen das Café Palme mit seiner kleinen, aber feinen Auswahl an Kuchen und sonstigem Gebäck. Von der Terrasse kann man all die Schönheit genießen, wie es auch die berühmte Naturfreundin Loki Schmidt tat.

Botanischer Garten
Ohnhorststraße
22609 Hamburg
T. 040 42 81 64 76
www.bghamburg.de

29 **Entdecken**
Groß Flottbek

Mehr als eine grüne Oase …

Der Jenischpark gilt als einer der bedeutendsten englischen Landschaftsgärten in Norddeutschland. Weitläufige Wiesen und der wunderschöne alte Baumbestand machen diesen riesigen Park zu einer echten Erholungsoase. Caspar Voght, der den Garten anlegen ließ, erschloss das hügelige Gelände durch ein sorgfältig geplantes Wegenetz. Auf geschwungenen Pfaden sollten die Besucher die von seinen Gärtnern gestalteten Landschaftsbilder erleben. Das gilt auch noch heute.

Jenischpark
Elbchaussee
22605 Hamburg
www.jenischparkverein.de
Anfahrt: Bus 36 (Schnellbus) bis Teufelsbrück

30 Entdecken
Groß Flottbek

Wie Reiche damals wohnten

Im ehemaligen Landhaus des Hamburger Senators Martin Johann Jenisch d.J., das zwischen 1831 und 1834 errichtet wurde (auch Karl Friedrich Schinkel war an den Entwürfen beteiligt), können Sie erfahren, wie man damals gewohnt und gelebt hat. Das Erd- und Obergeschoss ist mit Möbeln und Accessoirs aus der Erbauungszeit eingerichtet. Da das Haus eine Außenstelle des Altonaer Museums ist, werden auch Sonderausstellungen in den Dachgeschossen präsentiert, die oft mit der Geschichte Altonas verbunden sind. Wer danach Erholung und Stärkung braucht, kann diese im angeschlossenen Café genießen, das sich im Haus befindet.

Jenisch Haus
Baron-Voght-Straße 50
22609 Hamburg
T. 040 82 87 90
www.jenisch-haus.de
Di–So 11–18 Uhr

31 Entdecken
Groß Flottbek

Auf den Spuren eines großen Bildhauers

Im Ernst Barlach Haus, das von dem bekannten Hamburger Architekten Werner Kallmorgen im Bauhausstil errichtet wurde und von der Hermann F. Reemtsma Stiftung unterhalten wird, können Sie eine ständige Ausstellung wichtiger Werke des großen norddeutschen Künstlers Ernst Barlach sehen. Auch die mehrmals im Jahr präsentierten Sonderausstellungen sind einen Ausflug wert.

Ernst Barlach Haus
Baron-Voght-Straße 50a
22609 Hamburg
T. 040 826085
www.barlach-haus.de
Di–So 11–18 Uhr

32 Entdecken
Nienstedten

Die wohl schönste Terrasse der Stadt

Der berühmte Maler Max Liebermann hat sie gemalt, die legendäre Lindenterrasse des Restaurants und Hotels Jacob. Das Gemälde, das im Juli 1902 auf Anregung des damaligen Direktors der Hamburger Kunsthalle, Alfred Lichtwark, entstand, fasst die Atmosphäre eines unmittelbar erlebten sonntäglichen Augenblicks grandios ein. Damals wie heute unter den wie ein Dach sich über den Garten legenden Linden zu sitzen, zu speisen, zu plaudern oder einfach auf die Elbe zu schauen, das ist ein Erlebnis der ganz besonderen Art.

Der traditionsreiche Name geht auf den französischen Landschaftsgärtner Louis Jacob zurück, der 1791 an die Elbe kam, sich in die Witwe Burmester, der das Grundstück gehörte, verliebte, ihr das Anwesen abkaufte und einen Beherbergungsbetrieb mit angeschlossener Weinstube eröffnete. In den inzwischen mehr als zwei Jahrhunderten haben Prominente wie

Zarah Leander, Erich Kästner, Maria Callas und Henry Miller im Jacob logiert, Robert Redford hat hier geheiratet.
Auch heute noch kann man in stilvoller Umgebung die Seele baumeln, die große Vergangenheit des Jacob Revue passieren oder einfach die Neuzeit mit den vorbeifahrenden Riesen-Containerschiffen und dem gegenüberliegenden Airbuswerk an sich herankommen lassen. Auf absolutem Spitzenniveau kocht der mit Michelinsternen ausgezeichnete Thomas Martin. Rustikaler geht es im Kleinen Jacob zu, das auf der anderen Straßenseite liegt und mit seiner urgemütlichen Atmosphäre zum Verweilen einlädt.

Lindenterrasse am Hotel Louis C. Jacob
Elbchaussee 401–403
22609 Hamburg
T. 040 82 25 50
www.hotel-jacob.de

33 Erleben
Osdorf

Nur noch einmal Baggerfahren!

Das KL!CK-Kindermuseum in Osdorf wartet mit lehrreichen Überraschungen auf. Nach dem Motto „Da machst Du Sachen" kann man in einem original nachgebauten Haushalt erfahren, wie Großmutter vor 60 Jahren lebte und arbeitete. Und auch draußen auf der „Baustelle" darf jeder Hand anlegen oder sogar Geld selber herstellen. Auch wenn dieser kleine Traum wohl eher die begleitenden Erwachsenen begeistern wird …

KL!CK Kindermuseum Hamburg e.V.
Achtern Born 127
22549 Hamburg
T. 040 41 09 97 77
www.kindermuseum-hamburg.de
Mo–Fr 9–18 Uhr, So 11–18 Uhr

34 Genießen
Lurup

Die feinste Eierlikörtorte der Stadt

Im Café Marie wird viel Wert auf Sorgfalt und Besonderheit gelegt. Der Kuchen wird in Lurup noch selbst gebacken und die Kaffeebohnen für den Cappuccino kommen aus Sardinien, so weit geht die Liebe zum Detail. Das Café ist gemütlich eingerichtet und lockt mit warmen Farben an den Wänden zu einer kleinen Auszeit. Und das Highlight? Ihre Eierlikörtorte, sagt Besitzerin Susanne Engelin, mögen die Luruper – und nicht nur die – am liebsten.

Café Marie
Luruper Hauptstraße 117
22547 Hamburg
www.cafe-marie-lurup.de
Mo–Sa 9–18 Uhr, So 14–18 Uhr

35 Genießen
Schenefeld (Kreis Pinneberg)

Weltklasse des Whiskys

Malzig-herb, rauchig und eigen: Whisky ist immer im Trend und nicht nur bei Kennern beliebt. Wer sich besser mit dem Kultdrink auskennen möchte, sollte Chris und Stephan mal in deren Wohnzimmer besuchen. Ob der goldene Drink nun aus den Highlands, Lowlands oder Speyside kommt, die Tasting-Reise der beiden geht komplett durch die schottische Heimat der Spirituose. Das Beste: Man darf alles probieren.

Hansemalt
Tastingroom: Blankeneser Chaussee 6a, Innenhof
22869 Schenefeld
Termine und Buchung:
www.hansemalt.de

35 Erleben
Sülldorf

Im Grünen blau machen

Versteckt in einem Waldgebiet zwischen Blankenese und Sülldorf liegt diese weitläufige Anlage, voller gepflegter Blumen und umgeben von hoch gewachsenen Bäumen. Aber das Freibad Marienhöhe bietet mehr als nur eine schöne Umgebung: gleich zwei Wasserrutschen für Schwimmer und Nichtschwimmer, ein 177 Quadratmeter umfassendes Planschbecken, ein 50 mal 25 Meter großes Mehrzweckbecken, ein Beachvolleyballfeld und eine riesige, 26 500 Quadratmeter große Liegewiese zum Relaxen. Für kleine Snacks ist ein Kiosk vorhanden. Unbedingt den Hot Dog probieren.

Sommerbad Marienhöhe
Luzerneweg 1
22589 Hamburg
www.baederland.de/bad/freibad-marienhoehe

37 Entdecken
Blankenese

Wo Hans Henny Jahnn lebte und arbeitete

Er war ein ungewöhnlicher Mann, dieser Hans Henny Jahnn. Der 1894 in Stellingen geborene Sohn eines Schiffbauers, der sich schon als Jugendlicher mit dem Orgelbau befasste, emigrierte mit 21 Jahren nach Norwegen, um dem Ersten Weltkrieg zu entgehen. Nach dessen Ende kehrte er nach Deutschland zurück, wurde Schriftsteller, stand den 1933 an die Macht kommenden Nationalsozialisten kritisch gegenüber und lebte zeitweise auf Bornholm, wo er sein Hauptwerk „Fluss ohne Ufer“ schrieb und einen Bauernhof bewirtschaftete. 1950 kehrte er nach Deutschland zurück, engagierte sich gegen die Wiederbewaffnung der Bundesrepublik. Bis zu seinem Tod 1959 wohnte und arbeitete er im Witthüs im Hirschpark. Dort, in dem um 1800 als Kavaliershaus errichteten Nebengebäude des Godeffroyschen Herrenhauses, kann man vorzüglich Kaffee trinken, am Sonntag brunchen und am Abend die liebevoll zubereiteten Speisen genießen.

Ein Spaziergangtipp

Vom Witthüs, das Sie am besten über den Zugang von Mühlenberg aus erreichen, gehen Sie zunächst einmal zum nicht zu übersehenden, vom berühmten dänischen Baumeister Christian Frederik Hansen entworfenen Landsitz der Familie Godeffroy.

Jean Caesar IV. Godeffroy hatte im Jahr 1786 den Hirschpark, das damals größte Landgut in der Gegend, erworben. Rund 100 Jahre waren Park und Haus im Familienbesitz, gingen dann an einen anderen Hamburger Kaufmann, bevor die Flächen 1924 von der Gemeinde Blankenese erworben und seit 1927 der Öffentlichkeit zugänglich gemacht wurden. Nun geht es links am Haus vorbei Richtung Elbe. Nach gut 500 Metern erreichen Sie einen Aussichtpunkt, von dem aus Sie einen schönen Blick auf den Mühlenberger Jachthafen, die Elbe und das gegenüberliegende Airbusgelände haben. Weiter geht es nach links zum Damwildgehege mit seinen Wasservögeln und Pfauen (mit Kindern ein Muss). Dann am Zaun vorbei über die große Wiese mit ihrem wunderschönen Baumbewuchs. Nun scharf nach links schauen: Vor Ihnen liegt eine vierreihige Lindenallee mit 60 hohen Bäumen, durch die Sie hindurchgehen sollten. Sie gehört zu den schönsten Partien, die Hamburgs Parkgärten zu bieten haben. Danach biegen Sie wieder scharf links ab und gehen in den kleinen Schmuckgarten, der mit vielen Bänken versehen ist. Von hier aus können Sie schon wieder das Witthüs sehen.

Witthüs
Elbchaussee 499a
22587 Hamburg
T. 040 86 01 73
www.witthues.com

38 Genießen
Blankenese

Naschen in Lühmanns Teestube

Auf und ab, so ein Bezwingen der ganzen Stufen im Blankeneser Treppenviertel ist schon ein halbes Workout. Wer das packt, darf sich auch Kuchen gönnen! Am liebsten ein großes Stück selbst gebackener in Lühmanns Teestube. Das familiäre Restaurant und Café ist äußerst gemütlich eingerichtet, auch wenn es sonntags gerne mal etwas voller wird.

Lühmanns Teestube
Blankeneser Landstraße 29
22587 Hamburg
T. 040 86 34 42
www.luehmanns-teestube.de
Mo–Fr 9–23 , Sa 9–18, So 10– 23 Uhr

39 Genießen
Blankenese

Gehobene Küche mit Strandblick

Blankeneses älteste Gastwirtschaft heißt Zum Bäcker. Die Schiffe schippern unmittelbar vorbei, und die Lindenterrasse ist gut für ausgedehnte Gespräche. Die Speisen wechseln täglich, auch der hausgemachte Kuchen ist die Extrakalorien wert.

Restaurant Zum Bäcker Blankenese
Strandweg 65
22587 Hamburg
T. 040 86 48 00
www.zum-baecker-blankenese.de

40 Genießen
Blankenese

Superplatz zum Schiffegucken

Hier riecht es nach Meer, obwohl es noch fast 100 Kilometer bis zur Elbmündung sind. Doch an dieser Stelle ist der Strom bereits mehr als zwei Kilometer breit, mit trocken fallenden Watten und – manchmal – hoch auflaufenden Fluten. Vom Fähranleger Blankenese, liebevoll Op'n Bulln genannt, kann man schon von Weitem die Ozeanriesen ein- und auslaufen sehen – und das „Positano des Nordens" bewundern – die eng am Hang liegenden Fischer- und Kapitänshäuser mit dem Süllberg und seinem Turm ganz oben. Zwei gastronomische Betriebe auf dem Ponton sorgen für Ihr leibliches Wohl.

Ponton op'n Bulln
Strandweg 30
22587 Hamburg
T. 040 86 64 51 27
www.pontonopnbulln.de

FISCHClub
Strandweg 30a
22587 Hamburg
T. 040 86 99 62
www.restaurant-fischclub.de

41 Entdecken
Blankenese

Wie die Fischer einst hausten

Heute ist Blankenese ein edles und teures Pflaster, aber seine Ursprünge sind ganz einfacher Natur. Davon zeugt bis heute das Fischerhus an der Elbterrasse im Treppenviertel, das besucht werden kann. Das einfache Arbeiterhaus ist eines der ältesten erhaltenen Blankeneser Fischerhäuser, heute Altentagesstätte und ein beliebter Treffpunkt für viele Einheimische.

Fischerhaus Blankenese
Elbterrasse 6
22587 Hamburg
T. 040 86 40 53
www.blankenese.de/fischerhaus
1. Sonntag im Monat 14–17 Uhr

42 Genießen
Blankenese

Einen heben auf dem Süllberg

Fahrradtour geschafft, Durst immens, Wunsch nach Aussicht vorhanden – das schreit nach Hähnchen vom Grill mit Weißbier oder Radler, Wurstsalat, Brezeln sowie Kaffee und Kuchen unter alten Eichen und Linden. Dazu Elbsicht. All das bietet der Biergarten Süllberg: die perfekte Auszeit vom Alltag.

Biergarten Hamburg an der Elbe
Süllberg Karlheinz Hauser
Süllbergsterrasse 12
22587 Hamburg
www.karlheinzhauser.de
Anfahrt: Bus 36 oder S1 jeweils bis Blankenese

43 Genießen
Blankenese

Seit 140 Jahren in Familienbesitz

Wer schon Richtung Süllberg unterwegs ist, sollte unbedingt einer Blankeneser Traditionsgaststätte seine Reverenz erweisen: Von Schuldts Kaffeegarten am Ende der Süllbergsterrasse hat man nicht nur eine traumhafte Aussicht auf die Elbe, die ein- und auslaufenden Schiffe und das Treppenviertel, sondern kann auch den Genuss eines Kaffees mit selbst gebackenem Kuchen zu moderaten Preisen genießen. Immer noch ein Geheimtipp!

Schuldts Kaffeegarten
Süllbergsterrasse 30
22587 Hamburg
T. 040 86 24 11
www.kaffeegarten-schuldt.de
1. Mai bis 1. Oktober, Do–So 13–20 Uhr, in der Winterzeit Fr–So 13–18 Uhr
Anfahrt: S1/11 bis Blankenese, dann Bus 48 bis Kahlkamp (bergauf) oder Waseberg (bergab)

44 Entdecken
Blankenese

Ein Stein mit Geschichte

Der Bismarckstein in Blankenese ist ein Ausflugsziel, das doppelt belohnt. Die kurze Sackgasse geht beim Waseberg ab und endet an einem Marinedenkmal und Aussichtspunkt. Die umgebende Natur und der Blick auf die Elbe sind wunderschön, der Ort hat aber auch Historie. Auf dem Bismarckstein wurde 1935 ein Denkmal für die im Ersten Weltkrieg Gefallenen der Marine errichtet. Zudem ist hier ein guter Startpunkt für eine Wanderung im Falkensteinwald.

Bismarckstein
Schinckels Park
22587 Hamburg
Anfahrt: S1/S11 bis Blankenese, dann zu Fuß oder mit Bus 48 weiter bis Haltestelle Waseberg

45 Entdecken
Blankenese

Ein Stück römische Lebensfreude

Ein Traum vom Lustwandeln wird wahr im Römischen Garten. Packen Sie Ihren Picknickkorb mit italienischen Köstlichkeiten voll und halten Sie sich Richtung Blankenese. Hier lockt der Garten über dem Falkensteiner Ufer mit dem Schatten mächtiger Bäume und rasenbewachsenen Stufen des Amphitheaters, das von einer Eibenhecke umgeben ist. Mit fantastischem Blick auf die Elbe, den das echte Rom nicht zu bieten hat, lässt sich hier das Leben genießen.

Römischer Garten
Falkensteiner Ufer
22587 Hamburg
Anfahrt: S1/S11 bis Blankenese, dann Bus 48 bis Falkentaler Weg oder Elbhöhenweg (dann Zugang über Kösterbergstraße)

46 Erleben
Blankenese

Ein Feuerchen am Ufer

Ja, auch Campen kann man in einer vielfältigen Stadt wie Hamburg. Am besten von April bis Oktober im Elbecamp, einem Zeltplatz am Falkensteiner Ufer, direkt am Elbstrand. Und wo sitzt man schon mit Klampfe am Lagerfeuer und sieht dabei riesige Pötte über die Elbe ziehen? Ein willkommenes Abenteuer, nicht nur für alltagsmüde Hanseaten.

Campingplatz Elbecamp
Falkensteiner Ufer 101
22587 Hamburg
T. 040 81 29 49
www.elbecamp.de

47 Erleben
Blankenese

Ein Museum der kleinen Damen

Die einen sammeln sie und pflegen sie wie echte Kinder, die anderen sind fasziniert von ihrer Handwerkskunst: Künstlerin und Galeristin Elke Dröscher präsentiert am Rand Blankeneses seit 1986 ein besonderes Museum, das ganz den Puppen ge-

widmet ist. In ihnen spiegelt sich die Kulturgeschichte aus drei Jahrhunderten wider. Rund 600 Exponate sind hier zu bestaunen, das finden Jung und Alt gleichermaßen spannend.

Puppenmuseum
Grotiusweg 79
22587 Hamburg
T. 040 81 05 82
www.elke-droescher.de
Di–So 11–17 Uhr

48 Entdecken
Blankenese

Ein Park über dem Falkensteiner Ufer

Das Puppenmuseum von Elke Dröscher, beheimatet im berühmten hoch über dem Falkensteiner Ufer gelegenen Haus des Bauhaus-Architekten Karl Schneider, liegt am Rand des Sven-Simon-Parks, den kaum einer kennt. Hoch über der Elbe mit Blick auf den Strom und seine Inseln kann man einsame Spaziergänge in wunderschöner Umgebung machen. Der Park ist benannt nach dem Sohn des Verlegers Axel Springer, der zeitweise hier wohnte. Sven Simon wurde ein berühmter Fotograf, nahm sich aber im Alter von 39 Jahren das Leben.

Sven-Simon-Park
zwischen Falkensteiner Ufer, Wittenberger Weg und Grotiusweg
22587 Hamburg
Anfahrt: Bus 189 bis Tinsdaler Kirchenweg oder Bus 286 bis Grotiusweg (Mitte)

49 **Entdecken**
Rissen

Richtig schön versaut

An der westlichen Grenze Hamburgs nördlich der Ortsteile Rissen und Sülldorf erstreckt sich auf einer Fläche von mehr als 513 Hektar ein ausgedehntes Waldgebiet, das durch Aufforstungen im 19. Jahrhundert entstand. Das Gebiet ist durch ein Netz von Wander- und Reitwegen erschlossen und eignet sich hervorragend für Freizeitaktivitäten jeder Art. Am Ende des Sandmoorwegs befindet sich der Haupteingang zum Wildgehege, in dem man sich über die Tierwelt des Forstes auf zahlreichen Tafeln informieren kann. Wenn man Glück hat, kann man Uhus, Frettchen, Mufflons und Dam-, Sika- sowie Rotwild bestaunen. Besonders eindrucksvoll sind die Wildschweine mit ihren Jungen. Wenn man in deren treue Augen schaut, wird man fast zum Vegetarier. Hier darf sich jeder bei kostenlosem Eintritt an den Wildschweinfrischlingen erfreuen und sie sogar füttern. Aber Vorsicht: Fridolin und Kasimir riechen nicht so süß, wie sie aussehen.

Wildgehege Klövensteen
Sandmoorweg 160
22559 Hamburg
Parkplatz: Am Wildgehege Sandmoorweg
Anfahrt: S1 bis Rissen oder Wedel, dann Bus 289 bis Hasenkamp

50 Genießen
Wedel (Kreis Pinneberg)

Und wo kommt ihr so her?

Ist nicht mehr Hamburg, gehört aber irgendwie doch dazu. Wissen Sie, was eine Schiffsbegrüßungsanlage ist? Nun, so eine gibt es nur wenige Kilometer hinter Rissen, logischerweise direkt an der Elbe, in Wedel. Die Willkomm Höft empfängt jedes Schiff, das in Hamburg einläuft, mit der Nationalhymne des Staates, in dem es registriert ist. Um das Schauspiel gemütlich zu genießen, bei einem Kännchen Kaffee oder auch einer Finkenwerder Scholle, kehrt man ins angeschlossene Schulauer Fährhaus ein. Hier können die Gäste des Hauses anhand der gerade gespielten Begrüßungsmusik raten, wo denn der einlaufende Pott gerade herkommt.

Schulauer Fährhaus – Willkomm Höft
Parnaßstraße 29
22880 Wedel
www.schulauer-faehrhaus.de
Mo–So 11–23 Uhr

51 Genießen
Wedel (Kreis Pinneberg)

Cocktails am Elbstrand

Direkt hinter dem neu ausgebauten Wedeler Hafen erstreckt sich eine malerische Elbbucht. Sie bildet die Kulisse für den – wie viele behaupten – schönsten Beachclub an der Elbe. Im Strandbad 28 Grad in Wedel werden kühle Drinks und Leckeres vom Grill angeboten. Aus den bequemen Liegestühlen wandert der Blick auf die Elbe und die gegenüberliegende Insel Hanskalbsand.

Strandbad 28 Grad
Hakendamm 2
22880 Wedel
www.28grad.net
Bei gutem Wetter täglich von 12 Uhr bis spät abends geöffnet

52 Entdecken
Wedel (Kreis Pinneberg)

Auf Inlinern die Elbe entlang

Es fühlt sich an wie Schweben, wenn auf der einen Seite der Elbstrom, auf der anderen Seite saftige Wiesen und knuddelige Schafe vorbeiziehen. Mit Inlineskates entlangzufegen ist etwas Besonderes, ein echtes Erlebnis norddeutscher Weite, etwa auf dem Deichverteidigungsweg von Wedel aus. Startpunkt ist am Lüttsandsdamm (S-Bahnhof

Wedel). Von dort aus geht es kilometerweit am Strom entlang auf der asphaltierten Piste durch eine Landschaft, wie man sie eher an der Nordsee vermuten würde. Magische Inliner-Momente garantiert!

Wedeler Deich
Lüttsandsdamm
22880 Wedel
Anfahrt: S1 bis Wedel

53 Genießen
Wedel (Kreis Pinneberg)

Wo Taue für Großsegler hergestellt wurden

Die Teestube im 1758 erbauten historischen Reepschlägerhaus in Wedel bietet Besuchern Ausstellungen, Konzerte und einen ganz besonderen Apfelkuchen. Das alles kann man unter Reet in dem als Handwerkerhaus konzipierten Gebäude genießen oder – bei schönem Wetter – in dem liebevoll gestalteten und gepflegten Garten. Ein kleines Paradies!

Teestube Reepschlägerhaus
Schauenburgerstraße 4
22880 Wedel
T. 0 41 03 8 50 57
www.reepschlaegerhaus.de
Di–So 15–22 Uhr
Anfahrt: S 1 bis Wedel, dann Bus 489 oder 594 bis Haltestelle Roland, danach 5 Minuten zu Fuß

Der Nordwesten

Stellingen
Eidelstedt
Rellingen (Kreis Pinneberg)
Ellerhoop (Kreis Pinneberg)
Niendorf

1 **Entdecken**
Stellingen

Ein schützenswertes Gotteshaus

Ihre charakteristischen blauen Zwiebeltürme und das türkisfarbene Dach strahlen schon aus der Ferne: Die russisch-orthodoxe Kirche an der Hagenbeckstraße, die Kirche des Heiligen Prokop, wurde in den 1960ern erbaut und steht heute unter Denkmalschutz. Ihre besondere Optik bietet einen spannenden Kontrast zu der restlichen Kirchenarchitektur der Hansestadt. Viele gläubige Einwanderer aus Russland sind hier regelmäßig im Gebet vereint.

Prokopij-Kirche
Hagenbeckstraße 10
22527 Hamburg
T. 040 40 40 60
www.prokopij.de
Anfahrt: U2 bis Lutterothstraße

2 **Genießen**
Stellingen

Handgemacht schmilzt am schönsten

Nichts schmilzt so schön wie dieses handgemachte Eis. Das gibt es in einer Manufaktur für die kühlen Köstlichkeiten in einem kleinen Industriegebiet in Stellingen. Egal ob Zitrone, Kokos, Joghurt-Kirsch, Vanille oder Stracciatella. Was für ein herrlicher Schmelz im Paradies Eis!

Eismanufaktur Paradies Eis
Warnstedtstraße 16
22525 Hamburg
T. 040 54 70 98 10
www.paradies-eis.de
Anfahrt: Bus 183 oder 281 bis Langenfelder Damm

3 **Erleben**
Stellingen

Löwen im Dunkeln

Hagenbecks Dschungelnächte vermitteln ein ganz besonderes Abenteuer. Neben Affen, Löwen, Elefanten und Co. untermalen dann auch allerlei Künstler, von indischen Tänzern bis zu afrikanischen Trommlern, den Ausflug in die Sommernacht. Nachts im Zoo, das ist ein einzigartiges Erlebnis, das man nicht so schnell vergisst.

Tierpark Hagenbeck
Lokstedter Grenzstraße 2
22527 Hamburg
T. 040 530 03 30
www.hagenbeck.de
Anfahrt: U2 bis Hagenbecks Tierpark

4 Erleben
Stellingen

Unter Wasser wie zu Lande

Man könnte denken, im zu Hagenbeck gehörenden Tropen-Aquarium gäbe es nur ein paar Glaskästen mit allerlei Fischgetier. Weit gefehlt, schon im Eingangsbereich tollen wilde Kattas (eine Lemuren-Art) umher und benutzen die Besucher gerne als Trampolin. Ein echter Spaß. Seit 2007 tummeln sich hier insgesamt rund 14 300 Tiere in ihrem natürlichen Lebensraum, einem lebenden Korallenriff, auf gut 8000 Quadratmetern. Ein Erlebnis für Groß und Klein.

Tropen-Aquarium Hagenbeck
Lokstedter Grenzstraße 2
22527 Hamburg
www.hagenbeck.de/tropen-aquarium/start.html
tgl. 9–18 Uhr
Anfahrt: U2 bis Hagenbecks Tierpark

5 Erleben
Stellingen

Im Schwarzlicht ist gut spielen

Ein gespenstischer Spaß auf mehr als 1000 Quadratmetern ist das Schwarzlichtviertel Hamburgs. Die Indoor-Freizeitattraktion bietet Minigolf, Laserparcours, Blindhouse und viele weitere Aktivitäten in dem glühenden Licht, das Jung und Alt fasziniert. An der Kieler Straße wartet die kleine große Parallelwelt auf Besucher.

Schwarzlichtviertel
Kieler Straße 571
22525 Hamburg
T. 040 219 01 91 50
www.schwarzlichtviertel.de
Anfahrt: Bus 281 bis Wördemannsweg

6 Erleben
Eidelstedt

Wie der Gott der Meere

Im herrlich rustikalen Poseidon-Freibad in Eidelstedt geht es wirklich nur um Schwimmvergnügen. Ideal für alle, die konzentriertes Bahnenziehen lieben, anstatt einem nassen Jahrmarkt beizuwohnen. Und egal wie niedrig die Außentemperatur mal sein mag, das Bad wird permanent auf 22 Grad geheizt. Nach dem Schwimmen ist dann ein Besuch der Poseidon-Stuben angesagt.

SV Poseidon Hamburg
Olloweg 51
22527 Hamburg
T. 040 570 55 22
www.poseidon-hamburg.de
Anfahrt: Busse 4, 39, 183, 281, 283 bis Reichsbahnstraße oder Wördemannsweg

7 Entdecken
Rellingen (Kreis Pinneberg)

Ein barockes Juwel

Direkt am Stadtrand von Hamburg befindet sich einer der bedeutendsten Barockbauten Schleswig-Holsteins: die evangelisch-lutherische Rellinger Kirche. Der Ort wurde wahrscheinlich bereits im 9. Jahrhundert christianisiert. In der zweiten Hälfte des 12. Jahrhunderts errichtete man dort eine Feldsteinkirche, von der noch Reste am Rundturm erkennbar sind. Nachdem 1754 die alte Kirche abgetragen worden war, entstand unter Einbeziehung des Turmes ein barocker Neubau, der zwei Jahre danach von dem berühmten Komponisten und Hamburger Musikdirektor (von 1721 bis zu seinem Tod 1767) Georg Philipp Telemann eingeweiht wurde. Der achteckige Bau aus Backstein erhielt große Doppelfenster, durch die der Kirchenbau vom Licht geradezu geflutet wird, und ein kuppelförmiges Mansarddach. Die Altarwand vereint Kanzel, Orgel und Altar und entspricht damit dem Idealbild der protestantischen Predigerkirche. In dem von acht mächtigen Pfeilern gestützten Innenraum finden regelmäßig Konzerte statt.

Rellinger Kirche
Hauptstraße 27a
25462 Rellingen
T. 04101 227 60
www.rellinger-kirche.de
Anfahrt: A23 Ausfahrt Rellingen

8 Entdecken
Ellerhoop (Kreis Pinneberg)

Wie in der Steinzeit, nur schöner

Das Ellerhooper Arboretum ist kein gewöhnlicher Park, so wie sie die Hansestadt zahllos zu bieten hat. Das üppige Grün bietet einen tollen Bauerngarten, einen See voller Lotusblumen und besondere Themengärten, die etwa nach Farben bepflanzt sind und wie zu ganz alten Zeiten daherkommen. Besonderer Tipp: die Pfingstrosenblüte Ende Mai!

Baumpark Ellerhoop-Thiensen
Thiensen 4
25373 Ellerhoop
T. 04120 218
www.arboretum-ellerhoop-thiensen.de
April bis September tgl. 10–19 Uhr, sonst ab 10 Uhr bis Eintritt der Dunkelheit, Dezember bis Mitte Januar geschlossen
Anfahrt: A23 Abfahrt Tornesch

9 Genießen
Niendorf

Strike und Grill

Vorne trainieren die Kiezkicker vom FC St. Pauli, und hinten? Da versteckt sich ein echter erstligatauglicher Baseballplatz, der einzige seiner Art in der Hansestadt. Vom April bis in den Spätsommer kann man hier den Profis der HSV Stealers zuschauen. Wem das Betrachten des sportlichen Treibens Appetit macht, der kann sich einen frisch gegrillten Burger dazu gönnen.

HSV Stealers
Langenhorst 4
22453 Hamburg
T. 040 570 64 87
www.stealers.de
Anfahrt: Bus 4 bis Niendorfer Straße

10 Erleben
Niendorf

Spaß in XXL

Hier ist alles etwas größer, als es im allgemeinen Kinderzimmer zu finden ist. Hüpfburgen, Trampoline, Ball Shooter, Kicker und mittendrin ein großes Flugzeug – all das und mehr bietet die Spielstadt Hamburg in Niendorf. Ein riesiger Spaß für Kinder bis zehn Jahre und deren Eltern. Während die Kleinen toben, können die Großen in Ruhe in Zeitschriften blättern oder einen starken Kaffee genießen. Eine klassische Win-Win-Situation.

Spielstadt Hamburg
Papenreye 26
22453 Hamburg
T. 040 55 44 98 84
www.spielstadt-hamburg.de
Mo–Fr 9.30–19 Uhr, Sa und So 10–19 Uhr
Anfahrt: Bus 23 bis Stavenhagenstraße

11 Entdecken
Niendorf

Ab in die Wildnis

Was raschelt da im Laub? Hat sich etwa der Baum bewegt? Oder war das ein Reh? Das Niendorfer Gehege ist ein naturgewachsener Abenteuerspielplatz. Das Wild schert sich hier nicht groß um Grenzen, es überwindet mühelos die Zäune und streift durchs Unterholz. Begegnungen mit den possierlichen Tierchen: sehr wahrscheinlich wenn nicht gar garantiert!

Wildgehege Niendorf

Niendorfer Gehege
22453 Hamburg
www.hamburg.de/niendorfer-gehege
Anfahrt: U2 bis Niendorf Markt

12 Entdecken
Niendorf

Im Schatten des mächtigen Organs

Nicht nur die herrschaftliche St.-Michaelis-Kirche in der City ist ein Schmuckstück des Barock. Auch die achteckige Kirche am Markt in Niendorf, erbaut 1770, ist eines der bedeutendsten Hamburger Bauwerke dieses Stils. Besonders die Orgel wird hier regelmäßig gehegt und gepflegt, wovon sich jeder bei den hochkarätigen Konzerten überzeugen kann.

Kirche am Markt in Niendorf

Niendorfer Marktplatz 3a
22459 Hamburg
T. 040 58 11 71
www.kirche-in-niendorf.de
Anfahrt: U2 bis Niendorf Markt

13 Erleben
Niendorf

Miniaturprofis am Schlag

Nicht weit von der City lässt es sich im Grün durchatmen und abschlagen, Letzteres im Miniaturformat. Die Minigolfanlage am Burgunderweg in Niendorf ist der ideale Ort dafür. 18 stets gepflegte Spielbahnen dürfen für schmales Geld genutzt werden. Sogar Spieler des Bundesligavereins Niendorfer MC sind hier ab und an zugegen und geben gerne Tipps.

Niendorfer Miniaturgolf-Club e.V.

Burgunderweg 23
22453 Hamburg
T. 040 555 22 04
www.niendorfermc.de
Di–Fr 14–19 Uhr, Sa und So 11–19 Uhr
Anfahrt: U2 bis Niendorf Markt, dann Bus 191 bis Langobardenweg

Hamburgs Norden

Klein Borstel
Ohlsdorf
Wellingsbüttel
Fuhlsbüttel
Langenhorn
Hummelsbüttel
Poppenbüttel
Lemsahl-Mellingstedt
Bergstedt
Wohldorf
Duvenstedt
Tangstedt

1 Arabische Nächte, arabische Genüsse
Klein Borstel

Genießen

Es ist eine kleine Herausforderung, das Le Marrakech zu finden, denn es ist etwas versteckt. Das kombinierte Möbelhaus und Restaurant findet man vom betriebsamen Nedderfeld über eine Kopfsteinpflasterstraße durch ein stillgelegtes Gewerbegebiet. Irgendwann an einer ehemaligen Lagerhalle angekommen, ist man am Ziel. Das tolle, romantische Interieur wie aus 1001 Nacht mit marokkanischen Möbeln, Speisen und Ambiente begeistert dann jeden. Arabische Abende locken mit großem Buffet und sogar Bauchtanz!

Le Marrakech

Kellerbleek 10
22529 Hamburg
T. 040 57 14 53 01
www.lemarrakech.de
Anfahrt: Bus 5 bis Nedderfeld oder Bus 281 bis Jägerlauf

2 Entdecken
Ohlsdorf

Ort der friedlichen Einkehr

Wo viele Hamburger zur ewigen Ruhe gebettet sind, kann man besonders schön spazieren gehen. Der Friedhof Ohlsdorf (seit 1877) ist der größte Parkfriedhof der Welt, seine Anlagen sind weitläufig und vielfältig. Grabstätten von Prominenten wie Hans Albers oder Carl Hagenbeck erfreuen sich regen Besuchs von Einheimischen ebenso wie von Auswärtigen, die dabei sicher nicht traurig werden, im Gegenteil.

Ohlsdorfer Friedhof

Fuhlsbüttler Straße 756 (Haupteingang)
22337 Hamburg
T. 040 59 38 80
www.friedhof-hamburg.de/ohlsdorf.html
Anfahrt: S1/S11 Ohlsdorf

3 Genießen
Wellingsbüttel

Nächste Wiese: köstlicher Kaffee

Das Café Alsterwiesen entstand aus einem ehemaligen Toilettenhäuschen, wurde komplett entkernt, neu hergerichtet, ausgestattet und am 3. Oktober 2003 eröffnet. Es befindet sich in unmittelbarer Nähe zu dem schönen Abenteuerspielplatz an der Wellingsbütteler Landstraße, sodass sich ein Besuch mit der ganzen Familie immer lohnt. Ebenfalls in unmittelbarer Nähe befindet sich auch eine kleine Hundewiese. Nicht wenige Frauchen und Herrchen sollen sich nach dem Gassigang bei einem Kaffee oder einem Stück Kuchen im Café Alsterwiesen näher kennengelernt haben.

Café Alsterwiesen
Wellingsbütteler Landstraße 75
22337 Hamburg
T. 0173 608 68 26
www.cafe-alsterwiesen-hh.de
Di–So 11 Uhr bis mind. 18 Uhr
(November bis März Mi–So)
Anfahrt: U1 Klein Borstel

4 Entdecken
Wellingsbüttel

Die Wiege Wellingsbüttels

Die erste urkundliche Erwähnung Wellingsbüttels erfolgte 1296. Gut und Dorf gehörten von 1673 bis 1806 der Adelsfamilie von Kurtzrock. Ihnen verdankt der Stadtteil seinen alten Baumbestand und die unter Denkmalschutz stehenden Gebäude. Im Wellingsbüttler Torhaus (1757) ist heute das Alstertal-Museum untergebracht. Hier kann man sich über die Schifffahrt auf der Oberalster und über die Heimatkunde der nördlichen Stadtteile informieren.

Alstertal-Museum im Torhaus Wellingsbüttel
Wellingsbütteler Weg 75a
22391 Hamburg
T. 040 5 36 66 79
www.alsterverein.de/das-alstertal-museum
Sa–So 11–13 und 15–17 Uhr
Anfahrt: S1/S11 Wellingsbüttel

5 **Entdecken**
Fuhlsbüttel

Und wieder einer am Abheben!

Einfach nur den großen Fliegern beim Starten und Landen zusehen? Das ist langweilig, in Hamburg wird daraus ein Spiel gemacht, das Planespotting am Flughafen! Rund um das Gelände des Airports bieten sich einige Ecken dazu an, um um das schnellste Entdecken der Stahlvögel zu konkurrieren. Wer die meisten in der kürzesten Zeit entdeckt, darf sich Profi-Planespotter nennen.

Planespotting am Flughafen

www.hamburg.de/flughafen/2314550/planespottingfuhlsbuettel.html

6 **Erleben**
Fuhlsbüttel

Rundfahrt mit Modellschau

Flugzeugfans und Hobbypiloten aufgepasst, auf dem größten Flughafen Norddeutschlands gibt es tolle Touren: Flughafenmodellschau und Vorfeldrundfahrt sind bei der täglich angebotenen zweistündigen Maxi-Tour inklusive (tgl. 11 und 13.30 Uhr). Wegen der Sicherheit sind eine Anmeldung sowie der Personalausweis erforderlich. Bei der zweieinhalbstündigen Feuerwehr-Tour wird zusätzlich die

Flughafenfeuerwehr besichtigt, allerdings nur unter der Woche (Di und Fr 13.30 Uhr, Do 10 Uhr).

Modellschau und Airport-Touren
Flughafenstraße 1–3
22335 Hamburg
www.hamburg-airport.de/de/flughafen-modellschau
Anfahrt: S1/S11 Hamburg Airport (Flughafen), Ausschilderung „Modellschau" folgen

7 Entdecken
Fuhlsbüttel

Cornern mit Abheben

Planespotter müssen nicht in ein extra teures Lokal einkehren, um die Flieger des Helmut-Schmidt-Airports starten und landen zu sehen, es geht auch einfach und kostensparend. Am besten anzusteuern: das Coffee to Fly in Fuhlsbüttel, wo sich allerlei bunt gemischtes Publikum einfindet und sich im Kiosk mit Kleinigkeiten versorgt.

Coffee to Fly
Holtkoppel 100
22415 Hamburg
tgl. 9–23 Uhr
www.coffee-to-fly.de

8 Genießen
Fuhlsbüttel

Köstliches Fernweh

Der nächste Strandurlaub mag in weiter Ferne liegen, aber in einem besonderen Hamburger Café darf man wenigstens etwas mit in die Ferne schweifen. Im Himmelsschreiber am Geschäftsfliegerzentrum (GAT) nahe des Rollfelds des Helmut-Schmidt-Airports in Fuhlsbüttel lassen sich die großen Flieger bei Kaffee und Kuchen bestaunen. Sogar einige Strandkörbe laden zum Entspannen ein, sodass das Fernweh dann doch wieder schnell verfliegt.

Café Himmelsschreiber
Weg beim Jäger
Geschäftsfliegerzentrum (GAT)
22335 Hamburg
T. 040 50 75 38 61
Mo–So 10–21 Uhr
Anfahrt: z. B. U1 bis Alsterdorf, dann Bus 23 bis Lufthansa-Basis (Haupteingang)

9 **Erleben**
Fuhlsbüttel

Ein bedeutendes Gartendenkmal

Den Altonaer Volkspark im Miniformat können Sie hier erleben! Auch im Fuhlsbüttler Wacholderpark wird dem Besucher die Möglichkeit gegeben, aus dem Schatten der Linden heraus die Spielenden auf der Wiese zu beobachten. Der über 100 Jahre alte Lindenlaubengang ist zudem ein Meisterwerk gärtnerischer Schnittkunst und gilt als frühes Beispiel der sogenannten Reformgartenkunst. Aber der 1910/11 angelegte und denkmalgeschützte Wacholderpark bietet nicht nur Gartenliebhabern etwas. Es gibt auch einen Spielplatz, eine Spiel- und Liegewiese und einige noch aus der Gründerzeit stammende Parkbänke. Ein Kleinod.

Wacholderpark
zwischen Bergkoppelweg
und Wacholderweg
22335 Hamburg
www.hamburg.de/parkanlagen/3118750/wacholderpark
Anfahrt: U1 Fuhlsbüttel

10 Entdecken
Langenhorn

Flanieren an der Tarpenbek

Langenhorn ist der Geheimtipp für Spaziergänger, denen es an Elbe und Alster zu voll ist. Meditative Ruhe wartet auf Geduldige, die mit der blauen U1 bis Ochsenzoll fahren und den schmalen Fußweg entlang der Gleise in Richtung Norderstedt beschreiten. Nur 500 Meter weiter wartet die Tarpenbek. Links über die Brücke und geradeaus weiter warten oft sogar zutrauliche Rehe, die wissen, dass hierher nur besonders entspannte und friedliche Menschen kommen.

11 Genießen
Langenhorn

Stilvoll und gut speisen

Wer in gemütlicher Atmosphäre norddeutsche Spezialitäten genießen möchte, der ist im Wattkorn gut aufgehoben. Besonders in der wärmeren Jahreszeit kann man im Terrassenbereich mit dem angrenzenden liebevoll angelegten Garten nicht nur entspannen, sondern auch gepflegt speisen. Auch für die kleinen Gäste ist gesorgt: Für sie gibt es einen Streichelzoo mit Kaninchen, Volieren mit Finken und Sittichen und viel Platz zum Spielen im umzäunten Garten. Aber auch drinnen ist es in dem mit Reet gedeckten Haus urgemütlich.
Besonders empfehlenswert: Holsteiner Sauerfleisch im Glas, Wiener Schnitzel, Hamburger Pannfisch und natürlich, für die Leckermäulchen, Rote Grütze. Und das alles zu fairen Preisen.

Wattkorn
Tangstedter Landstraße 230
22417 Hamburg
Tel. 040 520 37 97
www.wattkorn.de
tgl. 11.30–23 Uhr
Anfahrt: U1 bis Langenhorn Nord

12 Entdecken
Langenhorn

Ein Stück Schwarzwald in Langenhorn

Eine Ode an Süddeutschland gibt es ausgerechnet im Norden Hamburgs, in Langenhorn. Hier stehen kleine Fachwerkhäuser an der Essener Straße, die im Zweiten Weltkrieg für Feinmechaniker aus dem Schwarzwald gebaut wurden. Diese fertigten allerdings Zünder statt Kuckucksuhren an. Übrig sind nur noch wenige der Bauten, aber ein Besuch lohnt sich allemal.

Schwarzwaldsiedlung
Essener Straße
22419 Hamburg
Anfahrt: U1 bis Ochsenzoll

13 Genießen
Hummelsbüttel

Schlemmen wie bei Muttern

Das L'Aurora in Hummelsbüttel hat sich einen hervorragenden Ruf in Sachen Fisch erarbeitet. Besonders die Gemischte Grillfischplatte für zwei Personen ist zu empfehlen. Die wird in dem Restaurant mit so viel Liebe zubereitet, dass es schmeckt wie bei Muttern zu Hause. Das perfekte Lokal zum Einkehren mit Freunden – Reservierung empfohlen, Mamas Tisch hat nicht unendlich Platz!

L'Aurora

Hummelsbüttler Hauptstraße 47
22339 Hamburg
T. 040 53 05 46 89
www.laurora-hamburg.de
Di–Sa 17–23 Uhr, So 12–23 Uhr
Anfahrt: U1 bis Fuhlsbüttel, dann Bus 174 bis Hummelsbüttler Hauptstraße

14 Entdecken
Poppenbüttel

Immer am Oberlauf der Alster entlang

Am Oberlauf der Alster hängen die Weiden verträumt ins Wasser, als würden feine grüne Arme den Flusslauf anschieben. Hier lässt es sich wunderbar mit einem Paddelboot umherschwimmen, bis hinauf zur Mellingburger Schleuse und zurück. Manches Mal trifft man hier auf andere Boote, grüßt sich freundlich winkend und zieht dann weiter seines Wasserweges.

Alsterpaddeln

Start z. B. beim Bootshaus Marienhof
Marienhof 4
22399 Hamburg
T. 040 606 66 77
www.marina-marienhof.de
Anfahrt: S1/S11 bis Poppenbüttel, dann Bus 24 bis Schulbergredder

15 Entdecken
Poppenbüttel

Wo Tiere und Menschen gemeinsam planschen

An der Poppenbüttler Schleuse geht es im Sommer rund. Im Wasser tummeln sich dann die Enten, Schwäne und Haubentaucher, nur gestört von den zahlreichen Kanufahrern, die eine Tour auf dem Alsterlauf unternehmen. Es ist einer der besten Plätze, um dem regen Treiben in der Sonne zuzusehen. Wer dabei hungrig wird, kann in das nahe gelegene Restaurant einkehren und Pause vom Beobachten machen.

The Locks Bar und Restaurant
Marienhof 6
22399 Hamburg
T. 040 611 66 00
www.the-locks.de
Mo–Mi 12–0 Uhr, Do–Sa 12–1 Uhr, So 11.30–0 Uhr
Anfahrt: wie Tipp Nr. 14

16 Entdecken
Poppenbüttel

Andere Seiten Hamburgs erwandern

Oben im Norden, am Alsterwanderweg zwischen Kayhude (Kreis Segeberg) und Poppenbüttel, kann man etwas andere Seiten der Hansestadt entdecken. 14 Kilometer lang ist der Weg und führt durch dichte Wälder, die man auch mit dem Rad erkunden oder auf dem Wasser erpaddeln kann. Kulinarische Raststätten gibt es etwa an der Mellingburger Schleuse (www.mellingburgerschleuse.de) oder in Gestalt des „The Locks“ in Poppenbüttel (siehe Tipp Nr. 15).

Alsterwanderweg
Startpunkt: Bushaltestelle Kayhude, Heidkrug (Anfahrt U1 bis Ochsenzoll, dann Bus 7550 oder 7551)
Endpunkt: S-Bahnhof Poppenbüttel (Anfahrt S1/S11 Poppenbüttel)

17 Genießen
Poppenbüttel

Freude am Fruchtquark

Im aktuellen Fitnesswahn macht man lieber einen Bogen um Nachspeisen oder die Eiscreme zwischendrin. Aber ganz auf süße Cremespeisen verzichten muss man nicht, sondern kann beim Daily's im Alstertal Einkaufszentrum leckere Alternativen aus Quark kosten. Der Himbeerquark ist hier satt mit ganzen Früchten gesegnet, und zwar einer ganzen Menge davon.

Daily's
Alstertal Einkaufszentrum
Heegbarg 31
22391 Hamburg
T. 040 54 81 61 15
www.alstertal-einkaufszentrum.de/gastronomie/dailys
Mo–Sa 9.30–20 Uhr
Anfahrt: S1/S11 bis Poppenbüttel

18 Entdecken
Lemsahl-Mellingstedt

Mit dem besten Freund des Menschen Landluft schnuppern

Wenn es mal wieder belebt ist an Elbe und Alster, fragt sich mancher Hundebesitzer: Wohin mit meinem treuen Vierbeiner? Ein Spaziergang um den Golfplatz Treudelberg in Lemsahl ist eine echt malerische Option. Hier können Besitzer und Vierbeiner sich mal so richtig austoben!

Golfplatz Treudelberg
Lemsahler Landstraße 45
22397 Hamburg
Anfahrt: S1/S11 bis Poppenbüttel

19 Genießen
Bergstedt

Auf einen Plausch ins Galerie-Café

Das Galerie-Café im Siemers'schen Hof ist ein Ort wie aus einem romantischen Film. Bequeme Sofas, plaudernde oder lesende Besucher, duftender Kaffee und frischer Kuchen – man könnte es nicht besser in Szene setzen. Dazu der wärmende Kaminofen oder die sonnenüberflutete Terrasse und das Bild ist perfekt.

Galerie-Café
Bergstedter Markt 1
22395 Hamburg
www.siemersscher-hof.com/cafe.htm
tgl. 12–17 Uhr

20 **Entdecken**
Wohldorf

Wie ein echter Urwald

Eine Tour zum Wohldorfer Wald ist ein Abenteuer. Er ist Naturschutzgebiet, der letzte Urwald auf Hamburger Stadtgebiet und gleichzeitig das größte zusammenhängende einheitliche Waldgebiet Hamburgs. Zwischen mächtigen Buchen und Eichen sind im Unterholz viele Rehe zuhause. Gut 7 Kilometer lang ist der Rundwanderweg, der perfekt präpariert und ausgezeichnet ist. Abseits unserer Route befindet sich an der Tannenallee ein wunderschöner Waldspielplatz.

Wohldorfer Wald
22397 Hamburg
Anfahrt: U1 bis Ohlstedt
www.hamburg.de/wandern-ausflug-hamburg/297246/wandern-wohldorfer-wald

21 **Entdecken**
Duvenstedt

Wild beobachten

Im September röhrt es gewaltig im frühherbstlichen Duvenstedter Brook, denn dann ist es Zeit für die Rothirschbrunft auf den noch spätsommersatten Wiesen. Ein echtes Highlight für Tierfreunde: Bis Mitte Oktober lassen sich besonders während der Dämmerung die Rangkämpfe auf den Brunftwiesen beobachten. Aber auch sonst lohnt ein Besuch, zu jeder Jahreszeit. Gut kann man auch die Wanderung durch den Wohldorfer Wald (siehe Tipp Nr. 20) mit einer Tour durch den Duvenstedter Brook verbinden!

Naturschutzgebiet Duvenstedter Brook
Infos im Duvenstedter BrookHus
Duvenstedter Triftweg 140
22397 Hamburg
www.hamburg.nabu.de/naturerleben/duvenstedterbrook
Anfahrt: U1 bis Ohlstedt, dann 3 km Fußweg entlang Kupferredder, oder Bus 276 bis Duvenstedter Triftweg und dann zu Fuß 20 Minuten entlang Triftweg

22 Genießen
Tangstedt

Ein bisschen Dorfidyll

So ein Kamin macht immer was her, ist aber in Großstadtgaststuben eher selten anzutreffen, logisch. Im Landgasthof Alte Rader Schule in Tangstedt findet man noch so einen schönen Treffpunkt. Und wenn gutes Wetter nach draußen lockt, dann darf es auch der große Biergarten mit Blick auf den Wald sein. Drinnen oder draußen, die Devise ist hier immer: Hauptsache gemütlich!

Landgasthof Alte Rader Schule
Rader Weg 209
22889 Tangstedt/Rade
T. 040 607 11 68
www.raderschule.de
Mi und Do ab 17 Uhr, Fr–So ab 12 Uhr

23 Erleben
Tangstedt

Frisches auf dem Biohof

Familien aufgepasst, hier ist ein Ausflugstipp für Groß und Klein: im Gut Wulksfelde, hinter Duvenstedt gelegen, kann man Tiere gucken, im Hofladen stöbern und gesunde lokale Bioprodukte shoppen, aber natürlich auch gemeinsam gemütlich einkehren: das Hofrestaurant Gutsküche hat genau, was der Name verspricht: gute Küche!

Gut Wulksfelde
Wulksfelder Damm 15
22889 Tangstedt
T. 040 644 25 10
www.gut-wulksfelde.de
Anfahrt: S1/S11 bis Poppenbüttel oder U1 bis Ohlstedt, dann jeweils Bus 276 bis Haltestelle „Lohe“ in Duvenstedt, Straßenverlauf Lohe 1 km folgen

Der Osten

Eilbek
Barmbek-Süd
Barmbek-Nord
Dulsberg
Wandsbek
Tonndorf
Rahlstedt
Volksdorf
Horn
Hamm
Jenfeld
Großensee (Kreis Stormarn)
Lütjensee (Kreis Stormarn)

1 Entdecken
Eilbek

Hamburgs Amsterdam

Der Eilbekkanal schlängelt sich malerisch und ruhig durch den Hamburger Osten, hier reiht sich an manchen Stellen ein Hausboot an das nächste, dazwischen kleine grüne Weiden. Die Bootsbesitzer müssen eben damit leben, dass neugierige Blicke ihre Wohnzimmer im Vorbeipaddeln inspizieren, geht in Amsterdam den Leuten schließlich auch so. Das ist echtes Grachtenflair.

Eilbekkanal
Anfahrt: U1 bis Ritterstraße oder U3 bis Hamburger Straße

2 Genießen
Eilbek

Der ruhigste Fleck in Hasselbrooklyn

Im eher mau mit hippen Cafés bestückten Nordosten der City hält das Café Brooks die Stellung. Zum Latte macchiato, Espresso oder Cappuccino gibt es nicht nur leckeren Kuchen und Kaffee, sondern immer wieder auch mal schöne akustische Livemusik. Die Kuschelecke am Fenster ist besonders geeignet für Regentage, dann wirkt das moderne, aber mit rustikalem Charme eingerichtete Lädchen wie der letzte ruhige Ort in der hektischen Großstadt.

Café Brooks
Hasselbrookstraße 37
22089 Hamburg
T. 040 32 03 13 87
www.cafebrooks.de
Di–So 10–19 Uhr
Anfahrt: S1/S11 bis Landwehr

3 Erleben
Barmbek-Süd

Die Therme des Bartholomäus

Eine Therme, zwei finnische Saunen, eine rund 110 Grad heiße Kaminsauna, ein römisches Dampfbad und noch einiges mehr verstecken sich hinter der Fassade eines Jugendstilgebäudes – der Bartholomäus-Therme. Bei Schietwetter verbringen Hamburger hier ihren kleinen Wellness-Urlaub. Ein Entspannungstempel sondergleichen.

Bartholomäus-Therme
Bartholomäusstraße 95
22083 Hamburg
T. 040 18 88 90
www.baederland.de
Anfahrt: Bus 172 oder 173 bis Schumannstraße

4 Entdecken
Barmbek-Süd

Ein Herz für die Oberliga

Man mag es kaum glauben, aber ja, liebe Kiezpatrioten und HSV-Fanatiker, Hamburg hat noch mehr Fußball, abseits der beiden bekannten Namen, zu bieten. Mindestens genauso passioniert wird in der Oberliga um Tore und den Aufstieg gekämpft. Unter anderem kann man im Barmbeker Stadion der ersten Herrenmannschaft des USC Paloma zujubeln. Das macht Spaß wie bei den Großen, wenn nicht sogar noch mehr.

Stadion des USC Paloma
Brucknerstraße 24
22083 Hamburg
www.uscpaloma.de
Anfahrt: Bus 171 oder 261 bis Brucknerstraße (Arbeitsgerichte)

5 Entdecken
Barmbek-Nord

Im Schatten des Riesenbohrers

Nahe der Haltestelle und dem U- und S-Bahn-Knotenpunkt Barmbek gibt es einiges zu entdecken, unter anderem das Museum der Arbeit. Dahinter am Osterbekkanal steht ein Teil der riesigen Tunnelbohrmaschine TRUDE (für Tief Runter Unter Die Elbe), mit der die vierte Elbtunnelröhre durch den Untergrund gefräst wurde. Das große „Bagerrad“ ist ein imposanter Anblick, weshalb das danebenliegende Restaurant-Café nach ihm benannt ist.

T.R.U.D.E.
Maurienstraße 13–15
22305 Hamburg
T. 040 20 00 69 31
trude-hh.de
Mo–Fr ab 11 Uhr, Sa und So ab 9.30 Uhr

6 Entdecken
Barmbek-Nord

Brrr ist das kalt!

Mal ehrlich, welches Nordlicht hält schon Temperaturen jenseits der 25 Grad aus? Abkühlung muss her! Am besten das Angenehme mit dem Nützlichen kombinieren, beim Ausrüster Globetrotter gegenüber dem Bahnhof Barmbek. Der unübersehbare rote Würfel am Drehkreuz des ÖPNV hat nämlich eine Kältekammer zu bieten, in der zwischen Eisblöcken und Kunstfellen Outdoorkleidung getestet werden kann. Coole Sache, genau wie Kletterwand, Kanu-Paternoster und spektakuläre Filme und Vorträge, die Abenteurer hier ebenfalls erwarten.

Globetrotter

Wiesendamm 1
22305 Hamburg
T. 040 29 12 23
www.globetrotter.de
Mo–Fr 10–20 Uhr, Sa 9–20 Uhr

7 Erleben
Barmbek-Nord

Ein Paradies für Schleckermäuler

Es ist ein ungewöhnlicher Laden, die Süßwarenmanufaktur von Detlev Zeitsmann. Alles begann mit einem kleinen blauen Monster, dem Cupcake-Krümelmonster. Mittlerweile sind es über tausend verschiedene Motive, die den Weg auf Cupcakes, Cake Pops, Kuchen und sogar Hochzeitstorten gefunden haben. „Was das Herz begehrt" steht für kunstvolle Süßigkeiten mit himmlischem Geschmack.
Es werden auch Kurse für Einsteiger, Hobbybäcker oder Fortgeschrittene angeboten, bei denen die eigenen „Meisterwerke" selbst gestaltet werden können.

Was das Herz begehrt

Fuhlsbüttler Straße 157
22305 Hamburg
T. 040 69794624
Di-Fr 12-18,Sa 11-15
www.wasdasherzbegehrt.com

8 Entdecken
Dulsberg

Eine wahre Verwandlungsfundgrube

Im Ernst-Deutsch-Theater an der Mundsburg geht es oft komödiantisch und rustikal zu, allerlei Kostüme werden für die Stücke gebraucht. Wer diese mal sehen möchte, kann dem riesigen Fundus in Dulsberg Besuch abstatten und eine Zeitreise antreten. Sogar ausleihen darf man die Stücke, für vier Wochen (Verlängerung möglich) gegen Barkasse plus Mehrwertsteuer. Ein historisches Damenkleid zum Beispiel kostet 16 bis 41 Euro, Frack oder Smoking 12 bis 15 Euro, Mönchskutte 15 Euro, Bäuche 6 bis 13 Euro. Natürlich muss man die Sachen gereinigt zurückgeben.

Kostümfundus Ernst-Deutsch-Theater
Alter Teichweg 55
22049 Hamburg
Anmeldung unter T. 040 61 17 87 13
(Di–Do 8–15.30 Uhr)
www.ernst-deutsch-theater.de
Ausleihtage: Di, Mi, Do
Anfahrt: Bus 23 ab U/S-Barmbek bis Olivaer Straße

9 Erleben
Dulsberg

In Dulsberg unter sich

Lange war er nur Eingeweihten ein Begriff, aber der Treffpunkt in der Eliteschule des Sports am Alten Teichweg hat sich über die Zeit zu einer festen Größe der Kleinkunst gemausert. Im Kulturhof Dulsberg gibt es eine breite Auswahl an spannenden Veranstaltungen, vom Kindertheater, Jazzfrühschoppen und Comedy-Pokal bis hin zum Norddeutschen Zupfmusikfestival.

Kulturhof Dulsberg
Alter Teichweg 200
22049 Hamburg
T. 040 652 80 16
www.dulsberg.de/kulturhof
Anfahrt: U1 Alter Teichweg

10 Erleben
Dulsberg

Baggern wie die Profis

Schietwetter in der Hansestadt? Das kommt vor, muss aber nicht die sportlichen Aktivitäten behindern. Im beheizten Sand des BeachCenters am Alten Teichweg kann man erst die Volleyballkünste trainieren und danach an der Strandbar chillen. Der Sportpark Dulsberg ist dafür genau die richtige Adresse. Und wenn das Wetter mitmacht, wird draußen gespielt: auf der Sandmischung der olympischen Felder in London.

BeachCenter
Alter Teichweg 220
22049 Hamburg
T. 040 69 64 61 30
www.beachhamburg.de
Tgl. 10–23 Uhr
Anfahrt: U1 Alter Teichweg

11 Entdecken
Wandsbek

An der Wandse entlang Richtung Alster

Die wohl schönste Spazierroute im Osten der Stadt ist denkbar einfach zu verfolgen: Es geht einmal durch Wandsbek, an der namengebenden Wandse entlang Richtung Alster. Dabei verbringt man den größten Teil des Weges im herrlich unberührten Eichtalpark. Auf 7,5 Hektar kann man zum Grillen verweilen oder auf Entdeckungstour gehen, etwa zur schönen Kreuzkirche oder zum interessanten südlichen Parkeingang, der mit Sphingen versehen ist.

Eichtalpark
Südlicher Eingang: Ahrensburger Straße 14
22041 Hamburg
Anfahrt: U1 Wandsbek Markt, dann Bus 9 oder 262 bis Eichtalstraße

12 Entdecken
Wandsbek

Exotische Pflanzen im Osten

Der botanische Sondergarten ist immer noch ein Geheimtipp, weil er etwas versteckt im Osten, am Ende der Wandse an der Walddörferstraße liegt. Hinter einem Eisengatter gibt es exotische Pflanzen aus aller Welt zu entdecken, ebenso im angeschlossenen kleinen Gewächshaus. Das Miniaturparadies ist gerade unter der Woche ein wunderbarer Rückzugsort.

Botanischer Sondergarten
Walddörferstraße 273
22047 Hamburg
T. 040 693 97 34 (Bezirksamt Wandsbek)
Anfahrt: Bus 116 ab U/S-Wandsbeker Chaussee bis Ölmühlenweg (Nord)

13 Genießen
Tonndorf

Ein Lieblingslokal der Filmstars

Inge Meysel, Horst Frank und viele „Großstadtrevier"-Stars waren schon mal bei Fisch Eichrodt essen, kein Witz. Die gebratenen Filets, Räucherfisch und hausgemachte Salate machen einfach was her, und die Autogrammwand neben der Theke steht für ein halbes Jahrhundert Film- und TV-Geschichte. Aber wie kamen die ganzen Stars hierher? Erklärung: Nahe dran ist das Studio Hamburg, in dem viele Fernsehserien und Spielfilme gedreht werden.

Fisch Eichrodt
Tonndorfer Hauptstraße 76
22045 Hamburg
T. 040 66 38 30
www.fisch-eichrodt.de

14 Genießen
Tonndorf

Kein Eis am Stil

Eisdielen – das war früher. Heute müsste man jene Betriebe, die sich intensiv mit dem Eismachen beschäftigen, eigentlich Manufakturen nennen. Es werden originelle Eissorten „erfunden". In Mode sind derzeit Gemüse und Kräuter im Eis. Nicht jedem Trend folgt dieser Traditionsbetrieb in Tonndorf. Cremiges, recht festes Eis mit intensivem Geschmack wird angeboten. Auch ein paar ungewöhnliche Sorten. Die Konsistenz ist bekanntlich dann richtig, wenn das Eis an festen Schnee erinnert. Große Portionen fürs Geld!

Eiscafé Röhling
Tonndorfer Hauptstraße 170a
22045 Hamburg
T. 040 668 25 40
www.eiscafe-roehling-hamburg.de

15 Entdecken
Rahlstedt

Ablachen auf dem Wochenmarkt

Man kennt die Marktschreier des Hamburger Fischmarkts, aber auf dem Rahlstedter Wochenmarkt geht es deutlich dezenter zu. Zu lachen gibt es hier aber auch viel, gerade wenn Heinz Peters aus Kirchwerder wieder mal vor Ort ist. Ein Spaßvogel, der sich schon mal ein Salatblatt auf den Kopf legt oder Bohnen um die Ohren drapiert. Gar nicht lächerlich ist aber sein frisches Gemüse, das er ganz nebenbei auch verkauft.

Rahlstedter Wochenmarkt
Rahlstedter Bahnhofstraße
22149 Hamburg
Mi und Sa 8–13 Uhr, Do 9–13 Uhr

16 Erleben
Volksdorf

Mit der blauen U1 hinaus ins Grüne

Im Gegensatz zur U3 ist die U-Bahnlinie 1 in der City meist unterirdisch unterwegs. Aber trotzdem gilt sie bei den Fahrern des HVV als Lieblingsstrecke, denn wenn es dann mal raus ans Licht geht, gibt es das malerischste grüne Dickicht bei der Fahrt zu bestaunen. In Richtung Großhansdorf, ab Meiendorfer Weg (Volksdorf), geht es sogar durch Auen und Naturschutzgebiete. Die Endstation ist ein Waldparadies für Spaziergänger.

U-Bahnlinie 1
Ab Meiendorfer Weg, Richtung Großhansdorf (Kreis Stormarn)

17 Entdecken
Volksdorf

Untertauchen im Volksdorfer Dickicht

Er wurde optimistisch ein Berg genannt, ist aber, nun ja, eine Erhebung, der Mellenberg am Rande des Volksdorfer Waldes. Hier, an diesem markanten Fleck, wenden Jogger bei ihrer Lauftour, genau an der Spitze einer eiszeitlichen Endmoräne, die sich zwölf Meter hoch erhebt. Wer nicht schwitzen mag, erklimmt den mysteriösen „Berg" und gibt sich den tollen Rundblick.

Mellenberg
22359 Hamburg
Anfahrt: U1 bis Volksdorf

18 Erleben
Volksdorf

Wie einst die Bauern in früheren Jahrhunderten

Schon wieder eine Zeitreise: Im Museumsdorf Volksdorf stehen acht historische Gebäude, teils aus dem 17. Jahrhundert, mit allerlei Gerät und auch vielen Tieren, die sich auf dem Gelände tummeln. Den Besuchern soll nämlich gezeigt werden, wie es zu den Zeiten unserer Vorfahren auf dem Lande aussah. Hat man auf einer Bank im Bauerngarten Platz genommen, wirkt das Treiben um den krähenden Hahn, grasende Schafe und ans Gatter trottende Kutschpferde wie ein Schauspiel längst vergangener Zeiten, wie ein Live-Tiertheaterstück.

Museumsdorf Volksdorf
Im Alten Dorfe 46
22359 Hamburg
T. 040 6 03 90 98
www.museumsdorf-volksdorf.de
Di–So 9–17 Uhr
Anfahrt: U1 bis Volksdorf

19 Entdecken
Horn

Wilder Grillgrund

Extremgriller haben einen heiligen Gral, den Horner Kreisel, den gottverlassensten Ort Hamburgs. Hunderte Fernbusse umkurven die Grasnarbe in der Mitte des mehrspurigen Verkehrsknotenpunkts täglich, Tramper hoffen auf Mitnahme in ein besseres Leben. Wer es bis hierhin schafft, kann das noch seinen Enkeln erzählen.

Horner Kreisel
Sievekingsallee/Hammer Straße
22043 Hamburg

20 Erleben
Horn

Auf und galopp!

Wenn rassige Vollblüter um den Lorbeer des Jahrgangsbesten und mehr als eine halbe Million Euro Preisgeld konkurrieren, dann heißt es auf dem Hippodrom in Hamburg-Horn wieder: Deutsches Derby! Hier werden auch exquisite Hüte zur Schau getragen, es gibt also mehr zu sehen als nur tolle Tiere.

Galopprennbahn Hamburg-Horn
Rennbahnstraße 96
22111 Hamburg
www.galopp-hamburg.de
Anfahrt: U2 Horner Rennbahn

21 Entdecken
Hamm

Erholung vom Alltag

Der Stadtpark im Kleinen wurde bereits ab 1914 als öffentliche Grünanlage im Hamburger Osten errichtet. Auf dem Gelände des ehemaligen Landsitzes von Karl Sieveking im Stadtteil Hamm entstand für die stark wachsende Hamburger Bevölkerung ein moderner Park, der, obwohl durch den Zweiten Weltkrieg stark in Mitleidenschaft genommen, immer noch eine besondere Qualität aufweist. Mit seinen Sport- und Wasserflächen, seinem Blumenschmuck und seinen Heckengärten ist der Hammer Park nicht nur identitätsbildend für die Umgebung, sondern auch vielfältig für sportliche Aktivitäten und stressfreie Erholung nutzbar.

Hammer Park

Hammer Steindamm/Voghtstraße
www.hamburg.de/parkanlagen/3229404/hammerpark2
Anfahrt: U3 bis Hammer Kirche

22 Genießen
Jenfeld

Ein Eiscafé aus der Zeitmaschine

Mit minimalistischem Interieur wie aus einem schwedischen Designerkatalog muss man hier nicht rechnen. Das Eis-Café von Jens Schöning in Jenfeld pfeift auf Hipness und setzt ganz auf Retro. Im Sommergarten stehen sogar gelb-rote Sonnenschirme und blaue Plastikstühle, was ja fast schon wieder in Mode ist. Gut, dass leckere Eiscreme nie uncool wird!

Das Eis-Café
Rodigallee 167
22043 Hamburg
T. 040 653 08 71
www.das-eiscafe-hamburg.de
Tgl. 11–21 Uhr
Anfahrt: U1 bis Wandsbek Markt, dann Bus 10 oder 263 bis Am Hohen Feld

23 Entdecken
Großensee (Kreis Stormarn)

Ab in den großen See

Hier ist das Wasser am saubersten im Großraum Hamburg, im malerischen Großensee, der mit seinem Panorama eher an den sonnigen Süden des Landes erinnert. Baden ist hier kostenlos, Abenteurer können die im See liegende Insel anschwimmen – aber bloß nicht betreten, das ist leider verboten.

Großensee
22946 Großensee (Kreis Stormarn)
Anfahrt: Bus 364 ab Bahnhof Rahlstedt bis Großensee, Hamburger Straße

24 Genießen
Lütjensee (Kreis Stormarn)

Einkehren am Lütjensee

Tief, tief im Osten, noch ein gutes Stück östlich der Hamburger Stadtgrenze, am Ufer des Lütjensees, neben dem Restaurant Fischerklause, steht ein kleines charmantes Bootshaus. Radfahrer machen hier gerne Rast und genießen die laue Luft auf der Terrasse. Dazu wird Flammkuchen, Fischbrötchen, Blechkuchen und hausgemachtes Eis verspeist. Und wer seines Rades überdrüssig geworden ist, leiht sich am Bootssteg ein Ruderboot aus. So einfach ist das.

Fischerklause am Lütjensee
Am See 1
22952 Lütjensee (Kreis Stormarn)
www.fischerklause-luetjensee.de
Anfahrt: Bus 364 ab Bahnhof Rahlstedt bis Lütjensee, Am See

An Bille und Elbe

Hammerbrook
Rothenburgsort
Billbrook
Billstedt
Lohbrügge
Bergedorf
Allermöhe
Reitbrook
Curslack
Neuengamme
Kirchwerder

1 **Entdecken**
Hammerbrook

Fast wie in Venedig

Der Stadtteil Hammerbrook ist zwar von vielen schmucklosen Büro- und Industriebauten geprägt, hat aber einige überraschend malerische Ecken für Entdecker zu bieten. Früher hieß er sogar unter Einheimischen „Klein Venedig". Eine vom Stadtteilarchiv Hamm angebotene Barkassenfahrt durch Mittel-, Südkanal und das Hochwasserbassin verdeutlicht diesen Namen (pro Person 24 Euro, Kinder bis 12 Jahre die Hälfte). Wegen seiner Nähe zur Innenstadt ist der Aufstieg Hammerbrooks zum In-Viertel nur eine Frage der Zeit.

Barkassenfahrt Hammerbrook
Abfahrt Landungsbrücken (Brücke 2)
Buchung im Stadtteilarchiv Hamm
Carl-Petersen-Straße 76
20537 Hamburg
T. 040 18 15 14 93
www.hh-hamm.de/stadtteilarchiv

2 **Entdecken**
Rothenburgsort

Holländisches Flair

Die Billerhuder Insel bietet niederländisches Flair in der Hansestadt, denn die vielen angrenzenden Kanäle in Hamm und Rothenburgsort könnte man auch für Grachten halten, von Bäumen gesäumt und mit Bootsstegen versehen. Zu Fuß oder zu Wasser beneidet man die Besitzer der schmucken Wochenendhäuschen und Hausboote, die den Charme der Gegend ausmachen.

Billerhuder Insel
20539 Hamburg
Anfahrt: S21 bis Rothenburgsort

3 **Entdecken**
Rothenburgsort

Goldfarbener gelochter Schmuckkasten

Enten, Erpel und Küken gibt es hier auch – in Entenwerder. Keinen halben Kilometer Luftlinie von den lauten Elbbrücken ent-

fernt liegt diese frühere Flussinsel wie vergessen an der Billwerder Bucht. Und einem Hamburger Modeunternehmer ist es zu verdanken, dass es in Hamburgs wildem Osten eine begehbare Skulptur gibt, von der ein geradezu magischer Reiz ausgeht. Sie ist 16 Meter hoch und 11 Meter lang, sieht aber aus wie ein transparenter Schmuckkasten. Die Außenhaut besteht aus goldfarbenem gelochten Messing. Steigen Sie von innen in diesem Pavillon hinauf: Sie schauen auf den kleinen Leuchtturm an der Spitze der Elbinsel Kaltehofe, auf das Bille-Sperrwerk und die Kakaofabrik gegenüber. Stärken können Sie sich im Café Entenwerder 1, inzwischen ein Geheimtipp für Wasserverliebte, Wanderer und Radfahrer, das direkt neben dem goldglänzenden Pavillon liegt. Wer noch etwas für die Kondition tun will, wandert anschließend über die Halbinsel mit ihren großen Wiesen und den hohen Pappeln.

Café Entenwerder
Entenwerder 1
20539 Hamburg
Tel. 040 70 29 35 88
Mo–Do 11–20 Uhr, Fr 11–22 Uhr,
Sa 10–22 Uhr, So 10–19 Uhr
www.facebook.com/
entenwerder1
Anfahrt: S21 bis Rothenburgsort

4 **Entdecken**
Rothenburgsort

Nassforsche Kunstwerke

Eine Spezialität der Hamburger ist es, frühere industrielle Bauten für Kunst und Kultur zu nutzen. So auch die Wasserkunst Elbinsel Kaltehofe, die heute Industriedenkmal, Café und Naturoase ist. Hier in Rothenburgsort war früher tatsächlich ein Wasserwerk, das nach der Choleraepidemie Ende des 19. Jahrhunderts in Auftrag gegeben und zu einer der modernsten Wasseraufbereitungsanlagen wurde. Davon zeugen die 22 ehemaligen Filterbecken und die Schieberhäuschen, von denen aus die Arbeiter den Zu- und Ablauf der Wassermengen regelten.

Wasserkunst Elbinsel Kaltehofe
Kaltehofe-Hauptdeich 6–7
20539 Hamburg
T. 040 788 84 99 90
www.wasserkunst-hamburg.de
April bis Oktober Di–So 10–18 Uhr, November bis März 10–17 Uhr
Anfahrt: S21 bis Rothenburgsort, Bus 3, 120, 124, 130 bis Billhorner Deich

5 Entdecken
Rothenburgsort

Das größte Wassermuseum in Norddeutschland

Schon von Weitem sichtbar ist der 64 Meter hohe Turm auf dem Betriebsgelände der Hamburger Wasserwerke in Rothenburgsort. Er wurde 1864 nach Plänen des berühmten Architekten Alexis de Chateauneuf errichtet und steht unter Denkmalschutz. Von ihm aus wurde Elbwasser, das über drei Absetzbecken dem Fluss entnommen wurde, als Trinkwasser in die Hamburger Haushalte geleitet. Im ehemaligen Pumpenhaus können Sie die ganze Welt des Wassers erleben. Anhand vieler Ausstellungsstücke wird demonstriert, wie früher die Wasserversorgung funktionierte und wie die Hamburger Haushalte und Industriebetriebe heute mit dem Lebenselixier versorgt werden. Verfolgt wird auch der Weg des Abwassers vom Haushalt bis zum Klärwerk. Zahlreiche Mitmachstationen laden dazu ein, selbst aktiv zu werden.

WasserForum
Billhorner Deich 2
20539 Hamburg
www.wasserkunst-hamburg.de
So 10–16 Uhr
Anfahrt: wie Wasserkunst Elbinsel Kaltehofe (Tipp Nr. 4)

6 Genießen
Billbrook

Billbrooks little Italy

Was machen Italiener eigentlich im Exil? Denn wir wissen, mit welcher, sagen wir mal Präzision, sie an Lebensmittel herangehen. Gut, dass Vincenzo Andronaco seinerzeit am Barmbeker Bahnhof in einer umgebauten Telefonzelle einen Obstladen eröffnete. Er wurde die Topanlaufstelle für mediterrane Waren. Andronaco führt inzwischen Grande Mercato, ein Großunternehmen in Sachen italienische Lebensart. Wer den Unterschied zu italienischen Supermarktlebensmitteln einmal schmecken will, kann sein erstes großes Lager in Billbrook besuchen. Darin befindet sich ein Bistro, das mit preisgünstigen Köstlichkeiten lockt.

Grande Mercato Hamburg-Billbrook
Halskestraße 48
22113 Hamburg
www.andronaco.info
Mo–Fr 9–19 Uhr, Sa 9–18 Uhr
Anfahrt: Bus 120 bis Halskestraße (Mitte)

7 **Entdecken**
Billstedt

Der Park, der fröhlich macht

Der Öjendorfer Park im Hamburger Osten ist noch nicht so überlaufen wie seine Pendants im Westen. Der erst in den 1950er-Jahren angelegte und unter Denkmalschutz stehende Park mit dem See in der Mitte vermittelt ein großartiges Gefühl von Weite. Seit 1973 gibt es hier einen Spielplatz für Kinder und zwei Badestrände (siehe nächster Tipp). Mit seinen Liege- und Spielwiesen ist er ein echter Freizeitpark, in dem man sich mal so richtig austoben und einfach erholen kann. Mit Minigolfplatz, Tischtennisplatten, Gartenschachanlagen und, sollte es mal wirklich in Hamburg geschneit haben, einem künstlichen Hügel, der zum Rodeln einlädt.

Öjendorfer Park
Barsbütteler Weg/Triftweg
22117 Hamburg
www.Hamburg.de/parkanlagen/3229624/oejendorferpark5
Anfahrt: siehe nächster Tipp

8 Erleben
Billstedt

Die Ostsee der Billstedter

Mitten im Öjendorfer Park liegt der 50 Hektar große Öjendorfer See mit seinen zwei Badestellen. Am südlichen See-Ende ist ein Nichtschwimmerbereich abgegrenzt. Oberhalb der großen Liegewiese befindet sich ein sympathischer Kiosk mit Sitzgelegenheiten. Toni, der alleinunterhaltende Besitzer, hat immer gute Laune und versprüht italienische Lebensfreude. Er behauptet: „Ich hab den schönsten Arbeitsplatz der Welt!" Das lässt sich bei einem Badeausflug mit Parkspaziergang freilich wunderbar überprüfen.

Öjendorfer See
Barsbütteler Weg 49 (Badestelle Nord)
Driftredder 1 (Badestelle Süd)
22117 Hamburg
www.hamburg.de/oejendorfer-see-sued
Anfahrt: U1 bis Wandsbek Markt, dann Bus 283 bis Gleiwitzer Bogen (Badestelle Nord), oder U2 bis Steinfurther Allee (Badestelle Süd)

9 Genießen
Billstedt

Fischdelikatessen in Billstedt

Kuddel Fisch hat ebenden in frischester Qualität und aus eigener Verarbeitung, etwa geräucherter Stremellachs mit Speckkartoffeln und Honig-Dill-Sauce. Ein echter Genuss und so nordisch, wie es eben nur geht. Ohne Aufpreis gibt es auch einen netten kleinen Klönschnack mit den sympathischen Inhabern Nathalie und Andreas Gideon.

Kuddel Fisch
Möllner Landstraße 45
22111 Hamburg
T. 040 73 71 58 18
Anfahrt: U2/U4 bis Horner Rennbahn, dann Bus 213 bis Billstedter Hauptstraße

10 Entdecken
Lohbrügge

Eine gigantische Sandkiste

Für eine wüste Dünenlandschaft aus eiszeitlichen Schmelzwassersanden sind die Boberger Dünen erstaunlich vielfältig. Hier lässt es sich vortrefflich in der Sonne relaxen, während weiße Segelflieger nur wenige Meter über den Baumwipfeln leise zur Landung gleiten. Das gibt's so nur in Lohbrügge. Auch seltene Tiere genießen das besondere Naturschutzgebiet, von vielen Hamburgern liebevoll „Sandkiste" genannt. Im Boberger Dünenhaus informiert die Loki Schmidt Stiftung über Flora und Fauna in dem Gebiet.

Boberger Dünen

Boberger Dünenhaus
Boberger Furt 50
21033 Hamburg
T. 040 73 93 12 66
www.loki-schmidt-stiftung.de/infohaeuser/boberger_niederung
Di–Fr 9–13 Uhr, So 11–17 Uhr
Anfahrt: S21 bis Mittlerer Landweg, dann Bus 221 bis Boberger Furtweg

11 Erleben
Bergedorf

Baden und Saunieren in Bergedorf

Der Weg raus nach Bergedorf ist mit der S-Bahn kinderleicht, und er lohnt sich auch für Wasserratten. Das am Fluss Bille liegende und nach ihm benannte Bad ist eines der schönsten der Hansestadt, bietet neben Innen- und im Außenbecken auch eine Sauna. Das Rundum-zufrieden-Paket überzeugt.

Bille-Bad

Reetwerder 25
21029 Hamburg
T. 040 18 88 90
www.baederland.de/bad/bille_bad.php
tgl. 10–22 Uhr, Sauna 10–23 Uhr
Anfahrt: S21 bis Bergedorf

12 Entdecken
Bergedorf

Durch den Park zum Bergedorfer Schloss

Das Bergedorfer Schloss – es steht auf der um 1900 zum Park umgestalteten Schlossinsel – ist das Ergebnis mehrerer Bauphasen. Die Vierflügelanlage war bis 1867 Sitz der Amtmänner von Bergedorf, die abwechselnd von Hamburg und Lübeck gestellt wurden. Heute ist hier das Mu-

seum für Bergedorf und die Vierlande untergebracht. Die Kacheln auf dem im Landherrenzimmer stehenden Ofen zeigen die Bergedorfer Kirche St. Peter und Pauli und das Schloss, wie es etwa in der Mitte des 19. Jahrhunderts ausgesehen hat.
Das Bergedorfer Schloss geht auf eine erstmals 1212 erwähnte Wasserburg zurück, von der noch Reste unter dem Ostflügel erhalten sind. Das heute sichtbare Gebäude wurde überwiegend im 17. Jahrhundert errichtet, der Nordflügel, der Torturm und der Garten wurden zwischen 1896 und 1908 im Stil der norddeutschen Backsteingotik neu gestaltet.

Bergedorfer Schloss –
Museum für Bergedorf und die Vierlande
Bergedorfer Schlossstraße 4
21029 Hamburg
T. 040 428 91 25 09
www.bergedorfer-museumslandschaft.de
Di–So 11–17 Uhr
Anfahrt: S21 bis Bergedorf

13 Entdecken
Bergedorf

Kleiner Bruder der HafenCity

Der Serrahn ist Bergedorfs Hafen und liegt mitten in der Fußgängerzone des gerade bei Familien beliebten Stadtteils. Hier donnert das Wasser der Bille vom Stauwehr des Schlossteichs mit einigem Getöse in den Hafen. Allein dem Wasser dabei zuzusehen wird nie wirklich langweilig. Auch kann man eine Fahrt mit der Bergedorfer Schifffahrtslinie unternehmen, von April bis Oktober fahren ab Jungfernstieg auch Schiffe der Alstertouristik hierher.

Bergedorfer Serrahn
Bergedorfer Schifffahrtslinie
Buhr GmbH
Anleger: Serrahnstraße
21029 Hamburg
T. 040 73 67 56 90
www.barkassenfahrt.de
Anfahrt: S21 bis Bergedorf

14 Erleben
Bergedorf

Im Süden Sterne sehen

Die Hamburger Sternwarte hat ihren Standort seit 1909 auf dem Gojenberg in Bergedorf. 1930 erfand Bernhard Schmidt hier das Spiegelteleskop, mit dem später aufsehenerregende Entdeckungen im All möglich wurden. Heute kann der Blick auf dem Gojenberg immer noch in unendliche Weiten schweifen. Das Café Raum und Zeit im Besucherzentrum bietet dazu irdische Genüsse in Form von Frühstücksbrunch, leckeren Snacks, Kaffee, Tee und köstlichem Kuchen.

Hamburger Sternwarte
Besucherzentrum
August-Bebel-Straße 196
21029 Hamburg
T. 040 64 68 29 75
(Café T. 040 22 64 99 59)
www.sternwarte-hh.de
Mi–Fr 12–14, Sa–So 10–18 Uhr
Anfahrt: S21 bis Bergedorf, dann Bus 332 bis Sternwarte Besucherzentrum

15 Entdecken
Allermöhe

Baden in kristallklarem Wasser

Sonnenanbeter und Wasserratten kehren in der heißen Zeit immer gerne an einem bestimmten Baggersee ein: Hinterm Horn. „Ausgezeichnete Badewasserqualität" wird ihm jedes Jahr aufs Neue bescheinigt, und das verwundert nicht, sieht man, wie glasklar das kühle Nass hier schimmert. Doch Achtung, für Kinder ist der See nicht geeignet, denn das Ufer fällt steil ab.

Badesee Hinterm Horn
Allermöher Deich
Anfahrt: S21 bis Mittlerer Landweg, dann Bus 321 bis See Hinterm Horn

16 Entdecken
Reitbrook

Eine Deichtour auf zwei Rädern

Die Vier- und Marschlande sind ein pures Paradies für Radfahrer, gerade die dortigen Deiche. Vom S-Bahnhof Rothenburgsort geht es am besten über die Elbinsel Kaltehofe und die Tatenberger Schleuse. Auch am Wochenende herrscht hier kaum Verkehr, es empfiehlt sich also eine schöne Rundtour über Tatenberger Deich, Ochsenwerder Norderdeich, Reitdeich, Vorderdeich, Kirchwerder Landweg, Heinrich-Osterath-Straße und wieder zurück zur Tatenberger Schleuse.
Anfahrt: S21 bis Rothenburgsort

17 Entdecken
Reitbrook

Das Wahrzeichen der Marschlande

Die Reitbrooker Mühle, das Wahrzeichen der Marschlande, ist seit 1941 außer Betrieb, kann aber während der Öffnungszeiten des heute hier ansässigen Getreide- und Futtermittelhandels besichtigt werden. Der Galerieholländer wurde 1873 als Schrotmühle neu errichtet, nachdem die alte Mühle drei Jahre zuvor abgebrannt war. Das daneben liegende Wohnhaus des Müllers ist ebenfalls noch erhalten.

Reitbrooker Mühle
Reitbrooker Mühlenbrücke 1
21037 Hamburg
T. 040 723 12 82
www.reitbrooker-muehler.de
Mo–Fr 8–12 und 15–18 Uhr,
Sa 8–13 Uhr
Anfahrt: S21 bis Nettelnburg, dann Bus 222 bis Reitbrooker Mühle

18 Entdecken
Curslack

Auf die hohe Kante legen

Das Freilichtmuseum Rieck Haus, eine Außenstelle des Altonaer Museums, präsentiert in Hamburg-Curslack ein Bauernhausensemble aus dem 16. und 17. Jahrhundert mit dem Haupthaus, der Scheune, der Schopfmühle, dem Heuberg und dem Backhaus. Kundige Führer klären unter anderem darüber auf, woher das Sprichwort „Auf die hohe Kante legen" kommt.

Freilichtmuseum Rieck Haus
Curslacker Deich 284
21039 Hamburg
T. 040 723 12 23
www.bergedorfer-museumslandschaft.de
Di–So 10–17
Anfahrt: S21 bis Bergedorf, dann Bus 327 bis Rieck-Museum

19 Genießen
Neuengamme

Lokalkolorit und eine gute Pfeife

Er ist schon lange hier und wird noch lange bleiben, Kückens Gasthof ist angeblich der älteste Treffpunkt Hamburg-Neuengammes. Die Familie besitzt das Lokal seit 1892 und ist echt HSV-verrückt, weshalb die Fans des Fußballklubs hier gerne einkehren. Die Dekoration der Räume belegt diese Leidenschaft für den Bundesliga-Dino. Meisterschaften werden hier auch gefeiert, allerdings die des Pfeifenklubs.

Kückens Gasthof
Neuengammer Hinterdeich 54
21037 Hamburg
T. 040 723 06 91
Anfahrt: S21 bis Bergedorf, dann Bus 124 bis Achterdiekbrücke

20 Entdecken
Neuengamme/Kirchwerder

Seit dem 16. Jahrhundert

Das Naturschutzgebiet Kiebitzbrack im äußersten Südosten Hamburgs ist Heimat zahlloser in Hamburg seltener oder gar gefährdeter Vögel, Fische, Amphibien und Libellen. Auch die Flora ist etwas Besonderes. Mit Bedacht lässt sich hier in eine grüne Parallelwelt eintauchen.

Naturschutzgebiet Kiebitzbrack
Kraueler Hauptdeich
21037 Hamburg
www.hamburg.de/kiebitzbrack
Anfahrt: S21 bis Tiefstack, dann Bus 120 bis Kraueler Hauptdeich, oder S21 bis Bergedorf, dann Bus 227 bis Kiebitzbrack

21 Entdecken
Kirchwerder

Einer der schönsten Bauernhöfe Deutschlands

Etwas versteckt in den Vier- und Marschlanden liegt der Hof Eggers in der Ohe, der schon seit 1628 in Familienbesitz ist. Die Nachfahren in der xten Generation Christine und Georg Eggers betreiben in den denkmalgeschützten Gebäuden aus dem 17. und 19. Jahrhundert noch heute Landwirtschaft, die sie seit 1991 auf ökologischen Landbau umgestellt haben. Seither ist der Hof vielfach ausgezeichnet worden. Wichtiger jedoch ist die Begeisterung der Gäste, die immer wieder kommen. Für die Kleinsten sind wohl die Tiere im Auslauf am aufregendsten – zum Beispiel die vom Aussterben bedrohte Diepholzer Moorschnucke. Und der Öko-Rundwanderweg lässt selbst gestresste Großstädter zur Ruhe kommen und die Natur genießen. Das Bioerdbeerfest oder die regelmäßig stattfindenden Backtage sind ebenso beliebt wie das kleine Hofladencafé mit seinen ausgezeichneten Bioprodukten.

Hof Eggers in der Ohe
Kirchwerder Mühlendamm 5
21037 Hamburg
T. 040 72 37 73 85
www.hof-eggers.de
Sa–So und feiertags 12–18 Uhr
Anfahrt: S21 bis Bergedorf, dann Bus 225 bis Kirchwerder Mühlendamm

22 Erleben
Kirchwerder

Hier röhren die dicken Maschinen

Nicht nur an den Harley Days rollen die Motorräder durch Hamburg. Der Bikertreff am Fähranleger Zollenspieker gilt seit rund 30 Jahren als der Motorradtreffpunkt in Hamburgs Osten. Vor dem Deich kommen die harten Kerle auf ihren dicken Maschinen bei gutem Wetter zusammen und gönnen sich bei Käpt'n Kuddels Fährimbiss einen deftigen Snack. Das kann man natürlich auch ohne heißen Ofen tun und dabei gleich die Fährverbindung Hoopte–Zol-

lenspieker erkunden. Die besteht nachweislich mindestens seit dem Jahr 1252 und ist heute wie damals ein Familienbetrieb.

Bikertreff am Fähranleger Zollenspieker
Zollenspieker Hauptdeich
21037 Hamburg
www.biker-treff.de
Fährimbiss geöffnet tgl. 10–20 Uhr
Anfahrt: S21 bis Tiefstack, dann Bus 120 oder 124 bis Grünerdeich

23 Genießen
Kirchwerder

Der südlichste Punkt Hamburgs

Wie kaum ein anderes historisches Gebäude repräsentiert das Zollenspieker Fährhaus auch ein Stück hanseatischer Geschichte. Seine Anfänge lassen sich bis in das Jahr 1252 zurückverfolgen (siehe voriger Tipp). Vom Garten und den Tischen im Restaurant hat man einen fantastischen Blick elbab- und elbaufwärts. Inzwischen ist neben dem gastronomischen Betrieb mit Biergarten und Festsaal auch ein Hotel entstanden. Nicht nur ein Treff für die Kaffee- und Kuchen-Fraktion, sondern auch für all jene, die gute Küche zu angemessenen Preisen genießen möchten. Und die „Location" gibt's gratis dazu.

Zollenspieker Fährhaus
Zollenspieker Hauptdeich 141
21037 Hamburg
T. 040 793 13 30
www.zollenspieker-faerhaus.de

Sprung über die Elbe

1 **Erleben**
Veddel

Auf den Spuren der Auswanderer

Flüchtlinge, Auswanderer, Völkerbewegungen – die Themen sind immer ähnlich, die Menschheit steht eben nie still. Der Hamburger Hafen war schon immer ein aktiver Teil dieser Geschichte, so wie vor rund 100 Jahren, zur Zeit der großen europäischen Emigrationswelle, als die von Albert Ballin erbauten Auswandererhallen in der Hansestadt für viele Menschen Zwischenstation auf dem Weg ins „gelobte Land" – meist Nordamerika – waren. Das Erlebnismuseum BallinStadt hat die Auswandererhallen wieder errichtet und versucht, die Lebensumstände und Gefühle der Reisenden hautnah nachvollziehbar zu machen.

BallinStadt – Auswandererwelt Hamburg
Veddeler Bogen 2
20539 Hamburg
T. 040 31 97 91 60
www.ballinstadt.de
April bis Oktober tgl. 10–18 Uhr, November bis März tgl. 10–16.30 Uhr
Anfahrt: S3/S31 bis Veddel (BallinStadt) oder mit der Maritime Circle Line (siehe S. 71, Tipp Nr. 5)

2 Genießen
Veddel

Der frischste Fisch auf der Veddel

Fischköppe, die Nordlichter? Ja klar, wer liebt denn nicht Köstliches aus dem Meer. Die älteste Fischgaststätte der Stadt liegt übrigens auf der Veddel, sie ist in ihrer Ursprünglichkeit bis heute unverändert. Anstatt edler Maskerade geht es hier bodenständig zu, am besten genießt man die mal deftigen, mal feinen Meereskreationen mit einem Astra.

Veddeler Fischgaststätte
Tunnelstraße 70
20539 Hamburg
www.veddeler-fischgaststaette.de
Mo–Fr 11–17.45 Uhr

3 Genießen
Veddel

Very lila und very british

Lila ist nicht immer die letzte Wahl, jedenfalls wenn es ums Café Scotland Jard geht. Hier gibt es lila Bistrostühle, lila Handtücher, lila Zuckerdosenhäubchen – eine eigene Welt für sich. Wie das zur Polizei Londons passt, kann vielleicht Besitzerin Audrey Pale Hendry (mit Zöpfen und Baskenmütze eine extravagante Erscheinung) erklären. Klar hat hier alles einen britischen Touch, inklusive des speziellen Humors der Inselbewohner. Eine wunderbare Frühstücks-Location.

Scotland Jard Brot und Brötchen
Veddeler Brückenstraße 162
20539 Hamburg
T. 0163 351 07 84
tgl. 4–14.30 Uhr

4 Entdecken
Kleiner Grasbrook

Noch mehr Hafenhistorie

Natürlich beschäftigen sich einige Museen und Ausstellungen in Hamburg mit dem Hafen, allerdings sollte man eines nicht übersehen, bloß weil es etwas weiter südlich angesiedelt und nicht ganz einfach erreichbar ist. Auf dem Kleinen Grasbrook an Hansahafen und Australiastraße lebt im Schuppen 50 ein Stück des alten Hamburger Hafens fort – so wie er war, bevor die bunten Container kamen. Alte Schuppen bilden den Rahmen für Kräne und Original-

fahrzeuge aus den 1950er- und 1960er-Jahren. Am Kai liegt der Stückgut-Museumsfrachter „MS Bleichen“, Baujahr 1958. Nirgends ist man der Hafenhistorie so nah wie hier.

Hafenmuseum Hamburg
Kopfbau des Schuppens 50A
Australiastraße
20457 Hamburg
T. 040 73 09 11 84
www.hafenmuseum-hamburg.de
April bis Oktober Di–Fr 10–17 Uhr, Sa–So 10–18 Uhr
Anfahrt: S3/S31 bis Veddel/BallinStadt, dann Bus 256 bis Australiastraße/Hafenmuseum. Per Schiff mit der Maritime Circle Line von den Landungsbrücken (www.maritime-circle-line.de) oder Hafenfähre 73 bis Argentinienbrücke (www.hadag.de), dann Bus 256

5 **Entdecken**
Georgswerder

Vom Gefahrenberg zum Wissensgipfel

Heute kennt man ihn als ganz besonderen Aussichtspunkt, den 40 Meter hohen Energieberg Georgswerder. Aber lange war er eine dioxinverseuchte Deponie und wurde sogar leicht überspitzt „der gefährlichste Berg der Welt" genannt. Das Gift ist gewichen, heute stehen hier zwei Windräder und viel Fotovoltaik an einem Wanderweg, der einen fantastischen Blick auf Hamburg, eine spannende Dokumentation im Info-Häuschen und viel frische Luft bietet. Das Motto des Projekts der Internationalen Bauausstellung: Aus Gift Gold gemacht. So geht es eben auch!

Energieberg Georgswerder
Informationszentrum Energieberg Georgswerder
Fiskalische Straße 2
21109 Hamburg
T. 040 25 76 10 80
www.stadtreinigung.hamburg/energieberg
April bis Oktober Di–So 10–18 Uhr (Informationszentrum und Gelände, letzter Einlass 17.30 Uhr)
Anfahrt: Bus 154 ab S-Berliner Tor, Wilhelmsburg oder Harburg bis Fiskalische Straße

6 Entdecken
Wilhelmsburg

Wo einst der Honig floss

Wilhelmsburg ist der flächenmäßig größte Hamburger Stadtteil. Im Stromspaltungsgebiet zwischen Norder- und Süderelbe wurden ab 1333 verschiedene Inseln eingedeicht, deren Bewohner die Hamburger bis Ende des 19. Jahrhunderts mit landwirtschaftlichen Produkten versorgten. Erst nach der rasanten Entwicklung des Hafens wandelte sich Wilhelmsburg aufgrund seiner exponierten Lage zum Industriestandort. Die 1906 ursprünglich als Margarinefabrik erbaute Honigfabrik wird heute als selbstverwaltetes soziokulturelles Zentrum genutzt. Einkehren kann man zum Beispiel im Café Pause.

Honigfabrik
Industriestraße 125–131
21107 Hamburg
T. 040 421 03 90
www.honigfabrik.de
Café Pause geöffnet Mo–So 9–19 Uhr
Anfahrt: S3/S31 bis Veddel, dann Bus 13 bis Stübenplatz

7 Entdecken
Wilhelmsburg

Wo die Wilhelmsburgerin Johanna winkt

Das Wahrzeichen von Wilhelmsburg ist die Windmühle Johanna an der Schönenfelder Straße. Der 1874/75 neu errichtete Galerieholländer geht auf einen Vorgängerbau von 1582 zurück. Das zugehörige Müllerhaus stammt aus dem 18. Jahrhundert. Dieser alten Wilhelmsburger Schönheit sollte man durchaus einmal Hallo sagen.

Windmühle Johanna
Schönenfelder Straße 99a
21109 Hamburg
www.windmuehle-johanna.de
Infos zu Öffnungstagen auf der Homepage
Anfahrt: S3/S31 bis Wilhelmsburg oder Veddel, dann Bus 154 bis Wilhelmsburger Windmühle

8 Entdecken
Wilhelmsburg

Unterwegs auf der Elbinsel

Es liegt im Herzen eines alten Arbeiterviertels, das Ende des 19. Jahrhunderts mit der Gründung des Hamburger Freihafens entstanden ist: das Reiherstiegviertel auf der Elbinsel Wilhelmsburg. Die verzierten Altbauten sind ein echter Hingucker, ein weiterer Grund, warum Wilhelmsburg gerade sehr beliebt und im Kommen ist. Direkt am Wasser und mit viel Grün: Hier lässt es sich leben!

Reiherstiegviertel

Anfahrt: S3/S31 bis Veddel, dann Bus 13 Richtung Kirchdorf Süd

9 Entdecken
Wilhelmsburg

Mit der Fähre den Willy besuchen

Von den St. Pauli-Landungsbrücken kann man mit einer Hadag-Fähre auch den Wilhelmsburger Anleger Ernst-August-Schleuse ansteuern. Von dort aus lässt sich die Elbinsel sehr gut erkunden. Sicher eine der schönsten Schiffstouren, die man in Hamburg erleben kann, und genauso überraschend wie die Touren elbabwärts nach Finkenwerder und Teufelsbrück.

Anleger Ernst-August-Schleuse

Klütjenfelder Straße 1
21079 Hamburg
Anfahrt: Hafenfähre 73 ab Landungsbrücken, Brücke 1, bis Anleger Ernst-August-Schleuse

10 Entdecken
Wilhelmsburg

Die große Stadt in ganz klein

Ganz Hamburg auf einen Blick, das geht mit dem Stadtmodell im Foyer der Behörde für Stadtentwicklung und Umwelt: 111 Quadratmeter Innenstadt im Maßstab 1:500 wurden hier originalgetreu nachgebaut. Ein weiterer Clou: Farbige Markierungen zeigen, welche Bauten schon realisiert wurden und welche noch entstehen sollen.

Stadtmodell Hamburg

Behörde für Stadtentwicklung und Umwelt
Neuenfelder Straße 19
21109 Hamburg
www.hamburg.de/stadtmodell
Mo–Fr 9–19 Uhr, So 13–17 Uhr (nicht November bis Januar)
Anfahrt: S3/S31 Wilhelmsburg (direkt am Bahnhof)

11 Entdecken
Wilhelmsburg

Mit dem Fahrrad auf zum Traumausblick

Eine Fahrradtour macht glücklich, wenn sie den Blick in die Weite erlaubt. Dazu ein Tipp: Mit dem Drahtesel in die S-Bahn bis nach Wilhelmsburg, von hier aus fahren Sie dann über die Wittestraße, rechts in die Thielenstraße, nach 300 Metern links auf die Schönenfelder Straße. Nach weiteren gut 500 Metern geht es wieder nach links auf den Hövelweg, auf dem Sie die Wilhelmsburger Dove-Elbe überqueren, um schließlich nach links auf den Niedergeorgswerder Deich zu gelangen. Diesem 1,5 Kilometer immer geradeaus durch die BallinStadt (hier Pause einlegen und das Museum besuchen, siehe S. 180, Tipp Nr. 1) folgen. Danach geht es über die Brücke rechts in die Straße Am Zollhafen, um dann links dem Hövestieg und der Veddeler Brückenstraße zu folgen. In die Peutestraße abbiegen und sich dann sofort wieder nach links orientieren. Jetzt geht es Richtung Neue Elbrücken, die schon zu sehen sind (fantastischer Blick die Norderelbe hinauf und hinunter!). Am Ende der Brücke rechts halten, unter den Elbbrücken hindurch Richtung HafenCity.

Dort haben Sie mehrere Möglichkeiten, in die U-Bahn zu steigen (U4 HafenCity Universität oder U3 Baumwall).
Insgesamt bis HafenCity Universität ist die Strecke 7,7 Kilomter lang. Auch für Fußgänger machbar: rund 2 Stunden ohne Pause.
Start: S3/S31Wilhelmsburg, 21109 Hamburg

12 Erleben Wilhelmsburg

Hotel mit Öko-Prädikat

Seit die Internationale Bauausstellung (IBA) und die Internationale Gartenschau (igs) 2013 in Hamburg-Wilhelmsburg Besucher anlockten, ist in dem Stadtteil eine Menge passiert. So wurden etwa der Energiebunker besuchbar gemacht und das ehemalige Gelände der igs als Freizeitpark neu genutzt. Ebenfalls neu ist das interessante, ökologisch gebaute Hotel Wälderhaus. Hier gibt es auch eine kostenlose Ausstellung zum Thema, im Science Center Wald.

Raphael Hotel Wälderhaus
Am Inselpark 19
21109 Hamburg
T. 040 302 15 61 00
www.waelderhaus.de

13 Genießen Wilhelmsburg

Köstliches im Bunkercafé

Nicht nur der Medienbunker an der Feldstraße ist hip, auch auf dem eher unterschätzten südlichen Ufer der Elbe gibt es eine coole Bunker-Location. Bei Kaffee und Kuchen kann man im „vju“ von der Dachterrasse des Wilhelmsburger Energiebunkers die Skyline Hamburgs von der anderen Elbseite aus bewundern.

vju im Energiebunker
Neuhöfer Straße 7
21107 Hamburg
T. 01575 855 37 06
www.vju-hamburg.de
Anfahrt: S3/S31 bis Veddel, dann Bus 13 bis Veringstraße

14 Genießen
Wilhelmsburg

Deftiges im Truckertreff

Dass hier irgendetwas bio ist oder fair gehandelt wurde, können wir nicht garantieren, Udo's Imbiss ist eben ein zünftiger Truckertreff. Frikadellen, Spiegeleier, Bratkartoffeln, so etwas dominiert die Speisekarte, und es schmeckt. Der urige Wilhelmsburger Imbiss ist einer der Art, in dem man den Kaffee schon in die Hand gedrückt bekommt, ehe man ihn überhaupt bestellen kann.

Udo's Imbiss
Pollhornbogen 23
21107 Hamburg
T. 040 752 64 45
Anfahrt: Bus 154 ab S-Berliner Tor, Veddel oder Wilhelmsburg bis Kornweide

15 Entdecken
Wilhelmsburg

Fantastische Natur in Wilhelmsburg

Das auf der Elbinsel Wilhelmsburg liegende Naturschutzgebiet Heuckenlock beherbergt einen der letzten Tideauenwälder Europas. Es erstreckt sich auf mehr als drei Kilometer Länge am Nordufer der Süderelbe, nahe der Bunthäuser Spitze. Bemerkenswertester Baum des vom Rhythmus der Gezeiten geprägten Biotops ist eine etwa 400 Jahre alte Flatterulme.

Naturschutzgebiet Heuckenlock
21109 Hamburg
T. 040 28 49 37 35
www.goep.hamburg/heuckenlock
Anfahrt: S3/S31 bis Wilhelmsburg, dann Bus 351 Richtung Freiluftschule Moorwerder bis Heuckenlock

16 **Entdecken**
Wilhelmsburg

Kleiner Turm ganz groß

Ist er nicht süß? Der Kleine vermag es aber, die Elbe zu teilen, so sieht es jedenfalls aus. An der Bunthäuser Spitze teilt sich die Elbe für etwa 15 Kilometer in die Norder- und die Süderelbe auf, und über allem wacht Hamburgs kleinster Leuchtturm. Er markiert die Ostspitze der Insel Wilhelmsburg, ist stillgelegt und darf von jedermann jederzeit bestiegen werden. Ein lehrreicher Aufstieg, mit gerade mal sieben Metern Höhe auch gut zu schaffen.

Bunthäuser Spitze
Elbe-Tideauenzentrum
Moorwerder Hauptdeich 33
21109 Hamburg
T. 040 75 06 28 31
www.goep.hamburg/umweltbildung/elbe-tideauenzentrum
Anfahrt: S3/S31 bis Wilhelmsburg, dann Bus 351 Richtung Freiluftschule Moorwerder bis Haltestelle Moorwerder Hauptdeich 35

17 Genießen
Harburg

Ein Leuchtturm im Grünen

Köstlichen Fisch gibt es überraschenderweise auch mitten im Harburger Stadtpark. Hier befindet sich der Harburger Außenmühlenteich. Nach einem malerischen Spaziergang am Wasser lädt das exklusive Restaurant Leuchtturm zu modernen Interpretationen traditioneller Gerichte ein.

Restaurant Leuchtturm
Außenmühlendamm 2
21077 Hamburg
T. 040 70 29 97 77
www.leuchtturm-harburg.de
tgl. ab 12 Uhr, warme Küche bis 21 Uhr
Anfahrt: S3/S31 bis Harburg, dann Bus 145 bis Außenmühlendamm

18 Entdecken
Harburg

Die etwas andere HafenCity

Das teure Großprojekt HafenCity kam nicht bei allem Hamburgern gut an, ist aber inzwischen ein echter Publikumsmagnet. Derweil entstand ein nur wenige Kilometer entferntes Großprojekt fast unter Ausschluss der Öffentlichkeit: der Harburger Binnenhafen. Auch hier, auf der Schlossinsel, sind edle Eigentumswohnungen gebaut worden, aber durch die angrenzenden Werften behielt das Viertel sein ursprüngliches Gesicht. Vom Rostfraß gezeichnete Schiffe schaffen eine ganz eigene Atmosphäre, bei der eben nicht alles auf Hochglanz gebügelt ist.

Harburger Schlossinsel
21079 Hamburg
www.hamburg.de/harburg/binnenhafen
Anfahrt: S3/S31 bis Harburg Rathaus

19 Genießen
Harburg

Weit gereistes Stück Italien

Der coole Binnenhafen Harburgs an der Süderelbe beherbergt ein besonders trendiges italienisches Restaurant, das Silo 16. Der junge und weltoffene Schlemmerschuppen mit angeschlossener Bar und Lounge bietet italienische Küche, edle Weine und ein tolles Team hinterm Tresen und in der Küche.

Silo 16
Schellerdamm 16
21079 Hamburg
T. 040 41 54 14 94
www.silo16.com
So–Fr 12–23 Uhr, Sa 17–23 Uhr
Anfahrt: S3/S31 bis Harburg Rathaus

20 **Erleben**
Harburg

Geschichte und Spaß kombiniert

Im Archäologischen Museum Hamburg und Stadtmuseum Harburg/Helms-Museum gibt es nicht nur Ausstellungen zu Hamburgs Geschichte. Auch viele witzige Schauen für die ganze Familie bereichern das Programm. Bald wird es hier etwa eine „DUCKOMENTA“ geben, die „MomEnte der Weltgeschichte“ zeigt – Anwesenheit einer prominenten Disney-Ente ist da garantiert. Danach noch einen Kaffee in der Helms-Lounge am plätschernden historischen Brunnen und der Tag ist rund.

Archäologisches Museum Hamburg
Stadtmuseum Harburg/
Helms-Museum
Museumsplatz 2
21073 Hamburg
T. 040 428 71 36 93
www.amh.de
Di–So 10–17 Uhr
Anfahrt: S3/S31 bis Harburg Rathaus

21 Erleben
Harburg

Der elektrische Fluss

Wo wären wir heute ohne Strom, es ist kaum auszumalen. Kinder der Generation Smartphone hechten unentwegt der nächsten Stromquelle hinterher, sollten sich aber auch einmal mit den Anfängen der Elektrizität beschäftigen. Das geht im Museum Electrum, wo auch ein Gerät von Konrad Zuse zu sehen ist, der 1941 den ersten funktionsfähigen programmierbaren Computer der Welt baute. Es zuckt und zischt nur fünf Minuten Fußweg vom S-Bahnhof Harburg Rathaus entfernt.

Museum Electrum
Harburger Schloßstraße 1
21079 Hamburg
www.hansemarkt.de/electrum/museum.htm
So 10–17 Uhr
Anfahrt: S3/S31 bis Harburg Rathaus

22 Entdecken
Harburg

Wo Harburger einst letzte Ruhe fanden

Prächtige, kunstvoll gestaltete Grabsteine kann man auf dem Harburger Friedhof, der mitten im Zentrum des Stadtteils liegt, betrachten und sich spannende Geschichten zu den Namen überlegen. Begraben wird auf dem alten Gelände an der Bremer Straße schon seit 1937 nicht mehr. Die sechs Hektar große Parkanlage steht unter Denkmalschutz.

Alter Friedhof Hamburg-Harburg
Bremer Straße 24
21073 Hamburg
Anfahrt: S3/S31 bis Harburg Rathaus

23 Entdecken
Harburg

Geister der Hafennacht

Besitzer eines Autos oder Motorrads können ganz ohne Führung eine besondere Nachtfahrt durch den Hafen unternehmen. Von gespenstischer Atmosphäre und kühler Romantik umwoben erscheinen dann die einsamen Fabriken und schimmernden Industrielichter. Gruselresistente wagen sich nach Sonnenuntergang auf der A7 von Harburg aus Richtung Norden. Rechts die Harburger Mineralöl-Raffinerien, das Containerterminal Altenwerder und dann die Köhlbrandbrücke; links zunächst ein riesiger Güterbahnhof und dann hell erleuchtete Containerfrachter zum Greifen nah. Gespenstisch schön! Danach geht's ab in den Elbtunnel oder über die Köhlbrandbrücke Richtung Elbbrücken.

24 Erleben
Harburg

Was, was, Wasserski?!

Kanufahren und Stand-up-Paddeln ist Ihnen nicht genug Action? Kein Problem, Hamburg hat sogar eine Anlage für Wasserski und Wakeboarding zu bieten! Sie befindet sich in Harburg und ist ein beliebtes Ausflugsziel, nicht nur für aktive Wassersportler, sondern auch für Zuschauer, die von der Aussichtsterrasse den besten Blick über die Künste von Profis und Anfängern haben.

Wasserski & Wakeboard Hamburg
Am Neuländer Baggerteich 3
21079 Hamburg
T. 0174 327 70 00
www.wasserski-hamburg.de
Mo–Fr 14–21.30 Uhr, Sa–so 12–21.30 Uhr
Anfahrt: S3/S31 bis Harburg, dann Bus 152 oder 349 bis Dello/Großmoorbogen

25 Genießen
Harburg

So mariniert die Welt

Hamburg ist in jeder Beziehung international, auch und erst recht was gutes Grillgut angeht! Wer hier nach etwas Leckerem fernab der vormarinierten Standardware sucht, sollte die Fleischspezialitäten aus der Eißendorfer Fleischerei in Harburg probieren. Die Inhaber bereisen sogar die ganze Welt, um neue Trends des Fleischeinlegens aufzuspüren und exotische Rezepte zu sammeln. Ein Beispiel: „Japanes Flower“ (mageres Schweinefleisch mit Zimt und Sesam) oder auch Filetspieße mit Pflaumen und Speck! Wem schon vor Ort das Wasser im Munde ob dieser Aussichten zusammenläuft, der kann hier auch seinen Mittagshunger stillen.

Eißendorfer Fleischerei
Eißendorfer Straße 183
21073 Hamburg
T. 040 790 50 57
www.blanck-hamburg.de
Di und Fr 7.30–18 Uhr, Mi und Do 7.30–16 Uhr, Sa 7–12 Uhr
Anfahrt: S3/S31 Harburg Rathaus, dann Bus 14, 143 oder 146 bis Am Lübbersweg

26 Erleben
Harburg

Hier ist das Leben noch ein Ponyhof

Bevor die Tochter das Pony natürlich wie versprochen geschenkt bekommt, darf sie sich erst mal auf dem Reittier versuchen: Der Ponyhof Meyers Park in Harburg sorgt für leuchtende Augen bei allen kleinen und großen Pferdefreunden. Angeboten werden etwa eine kleine Zaunrunde zwischendurch oder auch ein 30-minütiger Ausritt.

Ponyhof Meyers Park
Stader Straße 203b
21075 Hamburg
T. 040 38 68 18 77
www.ponyhof-meyerspark.de
Mo–Fr 15–18, Sa–So 11–18 Uhr
S3/S31 bis Harburg Rathaus, dann Bus 146 oder 241 bis Am Krankenhaus Mariahilf

27 Genießen
Harburg

Vorsicht, hier geht es extrascharf zu!

Die Harburger Bruzzelhütte gilt als echter Geheimtipp in Sachen scharfe Currywurst. Und weil Schärfe gesund ist, antibakteriell und den Kreislauf anregt, geht es hier besonders „hot“ zu, in Kategorien von „Milchbrötchen“ bis hin zur „Endstation“. Also lieber beraten lassen vorm ersten Bissen.

Bruzzelhütte Harburg
Bremer Straße 239
21079 Hamburg
T. 040 760 78 28
www.bruzzelhuette.com
Mo–Sa 11–21 Uhr
S3/S31 Harburg Rathaus, dann Bus 144, 340 oder 4244 bis Neuer Friedhof

28 Entdecken
Neuland

Auf zu neuen Landen

Der Stadtteil Neuland direkt bei Harburg an der Süderelbe hat einen Insiderstatus, den die Anwohner am liebsten auch erhalten würden. Denn jeder, der hier still und leise am Wasser steht und auf den Sonnenuntergang wartet, wird dabei völlig in Ruhe gelassen. Wo gibt es das schon? Keine Restaurants oder Shopping Malls stören das Idyll, einfach mit eingepacktem Proviant herkommen und umschauen – aber bitte still!

Neuland
21079 Hamburg
www.hamburg.de/neuland
Anfahrt: S3/S31 bis Harburg, dann zu Fuß nach Nordosten

29 Genießen
Neuland

Einfach auf die Insel flüchten

Die Inselklause in Harburg-Neuland hat sich zur Institution an der Süderelbe gemausert. Die Auswahl ist nicht bombastisch groß, aber sie bietet köstliche Kleinigkeiten, und genügend kühle Drinks sind auch im Angebot. Schließlich ist eine Klause ein Refugium der Konzentration aufs Wesentliche.

Die Inselklause
Schweenssand-Hauptdeich 6
21079 Hamburg
T. 0163 875 53 88
www.inselklause.de
Do–Sa 13–22 Uhr, So ab 10 Uhr
S3/S31 bis Harburg, dann Bus 149 bis Neuländer Elbdeich 76

30 Entdecken
Rönneburg

Blick in die Tiefe

Von dem von Pferdeweiden umgebenen, 60 Meter hohen Fuchsberg im Hamburger Stadtteil Rönneburg geht der Blick über die Elbe hinweg bis nach Bergedorf im Osten, im Westen bis zu den Harburger Bergen. Der Ort wirkt fast surreal, denn ihn umgibt eine Stille, die höchstens von lautem Vogelgeschrei durchbrochen wird. Hier kann man sich fühlen wie der letzte Mensch auf Erden.

Fuchsberg
21079 Hamburg
Anfahrt: B4 bis Sinstorf, dann Richtung Meckelfeld

31 Erleben
Seevetal (Landkreis Harburg)

Eine richtig schicke Wundertüte

Echt kreative und einzigartige Mode hat Sabine Brauel-Lewerenz im Haus ihres Großvaters parat. Hier eröffnete sie Die kleine Wundertüte. Versteckt hinter einem großen Garten in einer Wohngegend berät sie ihre Kundinnen gerne ausgiebig und hält einen Plausch beim Kaffee. Und das seit bald 20 Jahren!

Die kleine Wundertüte
Glüsinger Straße 40a
21217 Seevetal/Meckelfeld
T. 040 76 75 94 01
www.die-kleine-wundertuete.de
Mo–Fr 9.30–13 und 15–18 Uhr, Sa 9.30–13 Uhr
Anfahrt: Bus 248 ab Bahnhof Meckelfeld bis Mattenmoorstraße

32 Entdecken
Seevetal (Landkreis Harburg)

Duftende Blütenträume

Die unter Naturschutz stehenden Schachbrettblumen im Junkernfeld, einem rund 160 Hektar großen Grünlandgebiet zwischen Hörsten bei Maschen und Over an der Elbe im Naturschutzgebiet Untere Seeveniederung, zählen zu den größten Beständen ihrer Art. In den letzten April- und ersten Maiwochen lockt das weithin bekannte florale Spektakel viele Besucher hierher. Es gelten aber besondere Verhaltensregeln, damit dieses sensible Gebiet mit seinen seltenen Tier- und Pflanzenarten nicht unnötig gestört wird.

Junkernfeld

Untere Seeveniederung östlich von Meckelfeld
Navi/Anfahrt: Parkplatz Zum Junkernfeld, 21217 Seevetal bzw. Bus 149 ab S-Harburg bis Wuhlenburg, 21435 Stelle

33 Erleben
Sinstorf

Huldigung des Alltagswohnungsschmucks

Sie umgeben uns meist schmucklos in Bad oder Küche, aber in Fliesen kann auch große Kunst stecken. Das Museum von Fliesenhändler Konrad Schittek in Sinstorf ist eine Art Galerie für genau diese oft verkannte Kunst. Zu sehen sind – klar – Fliesen und ganze Bäder und Küchen der vergangenen Jahrzehnte, alle aus Originalteilen gebaut. Hier zeigen sich Trends und Moden, die man sich manches Mal zurückwünscht – oder man ist doch froh, dass sie vorbei sind.

Fliesenhandel Schittek GmbH

Winsener Stieg 1a
21079 Hamburg
T. 040 745 88 50
www.fliesenhandel-schittek.de
Mo–Fr 7–17 Uhr
Anfahrt: S3/S31 bis Harburg, dann Bus 143 bis Sinstorfer Kirchweg

34 Entdecken Sinstorf

Hamburgs ältestes Gotteshaus

Wie viele Gebete sie wohl gehört hat in ihrer fast 1000-jährigen Geschichte? Die auf einem Hügel gelegene Backsteinkirche im Harburger Ortsteil Sinstorf ist das älteste noch in wesentlichen Teilen erhaltene und genutzte mittelalterliche Kirchengebäude auf Hamburger Stadtgebiet. Man sollte sie ruhig einmal von außen wie innen betrachten, denn es lohnt sich. Die umgebenden verwitterten Grabstätten lassen einen über die Geschichten der Alteingesessenen nachdenken, die hier früher ihre Sorgen und Wünsche gen Himmel richteten.

Sinstorfer Kirhe
Ev.-luth. Kirchengemeinde Sinstorf
Sinstorfer Kirchweg 21
21077 Hamburg
T. 040 760 03 47
www.kirche-sinstorf.de
Anfahrt: S3/S31 bis Harburg, dann Bus 143 bis Sinstorfer Kirchweg

35 Entdecken Hausbruch

Berge! Berge?

Von wegen Flachland, Hamburg hat sehr wohl Berge zu bieten. Vor der S-Bahnstation Neuwiedenthal warten nämlich die Harburger Berge auf wanderfreudige Gipfelstürmer. Gut, eine Sauerstoffmaske wird man hier nicht brauchen, aber einige Steigungen gibt es durchaus! Der Wulmsberg (74 Meter) etwa verführt zu einem Aufstieg, nicht zuletzt weil hier das Tagungshotel Hamburg Blick mit Restaurant liegt – und hungrige Bergsteiger mit großer Kuchenauswahl belohnt.

Berghotel Hamburg Blick
Wulmsberg 12
21149 Hamburg
T. 040 79 61 20
www.berghotel-hamburg-blick.de
Anfahrt: S3/S31 bis Neuwiedenthal, dann Bus 143 bis Ehestorfer Heuweg

36 Entdecken Hausbruch

Hamburgs epischste Berge

Der Hamburger Staatsforst ist ein großes wunderschönes Waldgebiet und aus geologischer Sicht eine Endmoräne, also eine Aufschüttung durch Gletschereis. Dadurch ergaben sich bis zu 155 Meter hohe Berge, quasi ein Mittelgebirge des kleinen Nordmannes. Sportliche Biker finden hier ein verschlungenes Netz aus Wegen über die Hügel, ein toller Ort zum Querfeldeinfahren. Die gute frische Luft kann man aber auch einfach beim Spazierengehen genießen.

Harburger Berge
21149 Hamburg
Anfahrt: S3/S31 bis Neuwiedenthal, dann Bus 141 bis Haake

37 Genießen Neugraben

Fleisch ist ernstes Geschäft

In der Fleischerei Ernst wird man noch richtig wie ein Kundenkönig behandelt. Und von Fleischereifachverkäuferinnen und -verkäufern, die ihren Namen zu Recht tragen, beraten. Hier bekommen Sie ganz genau Auskunft über die Herkunft des Fleisches. Am Stehtisch lässt sich dann auch eine Wurst spontan verkosten.

Ernst Fleisch- und Wurstwaren
Striepenweg 39
21147 Hamburg
T. 040 7 01 83 01
Anfahrt: S3/S31 bis Neuwiedenthal

38 Entdecken Fischbek

Himmlische Ruhe auf 800 Hektar

Die Fischbeker Heide, das drittgrößte Hamburger Naturschutzgebiet, erstreckt sich über 800 Hektar und bietet sogar einen archäologischen Wanderpfad durch eine immens artenreiche Pflanzen- und Tierwelt und zu mehreren Großstein- und Hügelgräbern aus der Steinzeit. Die Oase der Ruhe im Süden Hamburgs bietet Entdeckern also einige Überraschungen.

Fischbeker Heide
Naturschutz-Informationshaus „Schafstall“
Fischbeker Heideweg 43
21149 Hamburg
T. 040 702 66 18
www.hamburg.de/fischbeker-heide
Di–Fr 9–13 Uhr, So 11–17 Uhr
Anfahrt: S3/S31 bis Neugraben, dann Bus 250 bis Fischbeker Heideweg

39 Erleben

Rosengarten (Landkreis Harburg)

Wilden Tieren ganz nah

Der Wildpark Schwarze Berge ist ein beliebtes Ausflugsziel für Großstadtfamilien. Wer den Tieren mal ganz ungestört zuschauen will, der sollte sich am frühen Morgen in den Park wagen. Dann lassen sich die Hängebauchschweine in aller Ruhe das Frühstück reichen und man kann tolle Fotos von den schönen Rehen schießen. Der Wildpark lockt aber auch mit Flugschauen, Streichelgehegen und Führungen für Familien. Um Proviant mitzunehmen und müden Kinderfüßen eine Auszeit zu gönnen, bietet sich der Bollerwagen- oder Schlittenverleih an.

Wildpark Schwarze Berge
Am Wildpark 1
21224 Rosengarten-Vahrendorf
T. 040 81 97 74 70
www.wildpark-schwarze-berge.de
Einlass April bis Oktober 8–18 Uhr, November bis März 9–16.30 (Aufenthalt möglich bis Einbruch der Dunkelheit, spätestens 20 Uhr)
Anfahrt: S3 bis Harburg bzw. Neuwiedenthal, dann Bus 340 bis Wildpark Schwarze Berge

40 Erleben
Rosengarten (Landkreis Harburg)

Zurück in die 50s

Natürlich ist ein Freilichtmuseum bei Sonnenschein besonders schön, doch auch bei Regen kann man im Freilichtmuseum Kiekeberg viel unternehmen und erleben. In über 40 historischen Gebäuden und auf über zwölf Hektar wird gezeigt, wie unsere Vorfahren in der Lüneburger Heide und der Winsener Marsch früher lebten. Mit ihren traditionellen Inneneinrichtungen und den historischen Gärten vermitteln die Bauernhäuser und Wirtschaftsgebäude ein realistisches Bild der Zeit von 1600 bis in die 1950er Jahre. Alte Nutztierrassen bewohnen die historischen Gebäude, was den Museumsbesuch für Klein und Groß zu einem unvergesslichen Erlebnis macht.

Freilichtmuseum Kiekeberg
Am Kiekeberg 1
21224 Rosengarten-Ehestorf
T. 040 790 17 60
www.kiekeberg-museum.de
Di–Fr 9–17 Uhr, Sa–So 10–18 Uhr
Anfahrt: S3/S31 bis Harburg Rathaus oder Neuwiedenthal, dann Bus 340 bis Ehestorf, Museum Kiekeberg

41 Genießen
Rosengarten (Landkreis Harburg)

Hausmannskost unter freiem Himmel

Das Freilichtmuseum Kiekeberg hat – wer hätte das gedacht – auch kulinarisch etwas zu bieten! Etwa deftiges Spiegelei mit Bratkartoffeln. Einfache Speisen auf hohem Niveau zubereitet serviert Stoof Mudders Kroog, benannt nach der letzten Pächterin des 1698 bis 1703 als Pfarrwitwenhaus in Marschacht erbauten Hauses, das 1998 nach Kiekeberg versetzt wurde. Wer das riesige Museumsgelände mit seinen historischen Gebäuden erkundet hat, kann sicher auch einen zünftigen Appetit vorweisen.

Stoof Mudders Kroog
Am Kiekeberg 1a
21224 Rosengarten-Ehestorf
T. 040 79 14 44 98
www.stoof-mudders-kroog.de
Di–Do 12–20 Uhr, Fr–So 11–21 Uhr

42 Erleben
Neu Wulmstorf (Landkreis Harburg)

Klein, aber vom Feinsten

Hier werden internationale Minigolfturniere ausgetragen, in Neu Wulmstorf! Auf den gepflegten Bahnen, die natürlich auch Besuchern zur Verfügung stehen, trainieren oft deutsche Meister des kleinen, aber feinen Sports. Der nahe gelegene Wald spendet zudem Schatten und weitere Ausflugsmöglichkeiten.

Minigolfanlage Neu Wulmstorf
Am Bach 7
21629 Neu Wulmstorf
T. 040 700 91 69
www.minigolfanlage-neu-wulmstorf.de
Mo–Fr ab 13 Uhr, Sa–So ab 10 Uhr bis ca. eine Stunde vor Einbruch der Dunkelheit
Anfahrt: S3 bis Neu Wulmstorf, dann Bus 440 bis Neu Wulmstorf, Freibad

43 Entdecken
Waltershof

Über die Süderelbe schweben

Sie ist eines der Wahrzeichen der Hansestadt und ihr droht dennoch immer wieder der Abriss: die Köhlbrandbrücke. Seit 1974 verbindet sie die Elbinsel Wilhelmsburg mit der Autobahn 7 und bietet mit ihrem tollen Ausblick vielen ankommenden Besuchern einen ersten Eindruck von Hamburgs Skyline. Auch ohne PKW lässt sich der Ausblick auf Elbe und Hafen genießen, die Buslinie 151 ab S-Bahnhof Wilhelmsburg fährt Sie bequem über die 3618 Meter lange Schrägseilbrücke.

Köhlbrandbrücke
Anfahrt: S3/S31 bis Wilhelmsburg, dann Bus 151

44 Erleben

Waltershof, Altenwerder, Kleiner Grasbrook

Im Schatten der Riesen

Nicht nur die Speicherstadt und riesige Kreuzfahrtschiffe machen das Flair des Hamburger Hafens aus. Es sind auch die vielen bunten Container aus aller Welt, die dazu beitragen. Eine dreistündige Bustour des Unternehmens Jasper bietet genau darauf eine ganz eigene Perspektive unter dem Titel „Auge in Auge mit den Giganten". Im Fokus stehen die Containerterminals Burchardkai (Waltershof) und Altenwerder, aber auch die Seemannsmission Duckdalben, die Köhlbrandbrücke und die 50er-Schuppen auf dem Kleinen Grasbrook liegen auf dem Weg. Supertour für Technikfreaks, wenngleich nicht ganz billig.

Hafentour „Auge in Auge mit den Giganten"
Abfahrt der Busse an U4-Haltestelle HafenCity Universität
T. 040 22 71 06 10
www.jasper.de
Di und Do 14 Uhr, Fr 16 Uhr,
Sa und So 9.30 und 13.30 Uhr

45 Erleben

Waltershof

Wo echte Seebären einen heben

Wo ein Hafen ist, da sind auch Seeleute, und zwar eine ganze Menge! 40 000 aus 106 Ländern holen sich praktische Hilfe und Orientierung im Duckdalben International Seamen's Club in Hamburg-Waltershof. Er wurde 2011 zum weltbesten Seefahrerheim gewählt. Hier lässt sich prima bei einem Getränk Geschichten aus fernen Ländern lauschen.

Duckdalben
Zellmannstraße 16
21129 Hamburg
T. 040 740 16 61
www.duckdalben.de
tgl. 10–22.30 Uhr
Anfahrt: S3/31 bis Wilhelmsburg, dann Bus 151 bis Zollamt Waltershof

46 Entdecken Altenwerder

Zwischen Kirche und Container

Den Containern so nah wie nirgends sonst kommt man auf dem Drewer Hauptdeich zwischen Altenwerder und Moorburg. Von hier aus kann man auf das HHLA-Terminal Altenwerder schauen, das modernste Containerterminal der Welt. Einst war hier ein Fischerdorf, aber das wurde abgerissen, um der Industrie Platz zu machen. Was blieb: die St.-Gertrud-Kirche und ihr kleiner Friedhof, stumme Zeugen vergangener Tage.

Containerterminal Altenwerder
Anfahrt: S3/31 bis Wilhelmsburg, dann Bus 151 bis Am Altenwerder Kirchtal

47 Entdecken Altenwerder

Sakrales Multitalent

Sie ist Denkmal, Mahnmal, Heimatmuseum, Treffpunkt und Unikum in einem: St. Gertrud in Altenwerder. Und besonders skurril: Die schöne Kirche gehört der Finanzbehörde. Sie steht hier seit 1830 und ist das letzte Überbleibsel des früheren Fischerdorfes Altenwerder, weshalb sich ein Verein um ihren Erhalt kümmert. Fotos erinnern an die Vergangenheit des Dorfes, das in den 1970er-Jahren der Hafenerweiterung weichen musste. Zu Gottesdiensten jeden zweiten und vierten Sonntag im Monat um 9.30 Uhr kommen die vertriebenen Bewohner zusammen.

St.-Gertrud-Kirche
Am Altenwerder Kirchtal 1
21129 Hamburg
T. 040 797 91 00
www.kirche-suederelbe.de
Anfahrt: S3/31 bis Wilhelmsburg, dann Bus 151 bis Am Altenwerder Kirchtal

48 Entdecken
Finkenwerder

Mit der Fähre in die Fischeridylle

Er ist von historischer Bedeutung, der alte Ortskern des früheren Fischerdorfes Finkenwerder. Hier geht es eng zu, hübsche Vorgärten versüßen eine Erkundungstour, wenn es mal nicht die bekannten Pfade sein sollen. Von der Hadag-Fähre ist das Viertel vom Anleger aus links gelegen, nur 15 Minuten Fußmarsch entfernt.
Anfahrt: Hafenfähre 62 ab Landungsbrücken oder Hafenfähre 64 ab Teufelsbrück

49 Entdecken
Finkenwerder

Elbblick mal ganz anders

Wo ist man sowohl dem Wasser als auch dem Himmel am nächsten? Klar, in einem Leuchtturm. Der kleine rote Ausguck am Finkenwerder Rüschkanal ist ideal geeignet zum Planespotting und Shipcounting. Der Panoramablick reicht sogar bis zur Elbphilharmonie und der St.-Michaelis-Kirche. Die Landebahn der Airbuswerke scheint zum Greifen nah. Mehr Hamburg auf einmal geht kaum.

Finkenwerder Rüschkanal
Anfahrt: Hafenfähre 64 ab Teufelsbrück oder ab Finkenwerder bis Anleger Rüschpark, oder Hafenfähre 62 ab Landungsbrücken bis Finkenwerder, dann Bus 150 bis Nordmeerstraße

50 Entdecken
Finkenwerder

Zu Wasser wie auf dem Lande unterwegs

Warum nur eines tun, wenn man in Hamburg quasi alles kombinieren kann? Etwa eine Boot-und-Bike-Rundtour, bei der sich die optimale Lage der Stadt am Fluss einen ganzen Nachmittag lang nutzen lässt. Eine Idee: Start mit dem Bike an den Landungsbrücken mit der Fähre (Linie 62) nach Finkenwerder – keine Sorge, Fahrradmitnahme ist hier erlaubt. In Finkenwerder angekommen geht es immer nahe an der Elbe entlang an den Airbuswerken vorbei bis zur Estemündung in Cranz. Dort wartet dann meist eine der Fähren, die jede Stunde hinübersetzt ins schöne Blankenese. Und von hier aus, na klar, geht es mit dem Rad wieder zurück, die Elbe hinauf. Eine echt runde Tour!
(ca. 21 km reine Fahrstrecke)

51 Erleben
Finkenwerder

Fast wie Schwimmen in der Elbe

Nirgends kommen Wasserratten einem legalen und ungefährlichen Bad in der Elbe so nah wie im Hallen- und Freibad Finkenwerder. Und das nur gute 10 Minuten Fußweg vom Fähranleger Finkenwerder entfernt. Gemütlich tuckern die Schiffe vorbei, während man in den Becken ausgiebig planschen darf. Wer es sportlich fordernder mag, für den empfehlen sich der Frühschwimmclub, spezielles Schwimmtraining, Aqua-Fitness und für Anfänger die Bäderland Schwimmschule.

Bäderland Finkenwerder
Finksweg 82
21129 Hamburg
T. 040 18 88 90
www.baederland.de/bad/finkenwerder

52 Entdecken
Finkenwerder

Das doppelte Grün

Ein Parkduo ist an der Elbe ungeschlagen, gerade bei schönem Wetter. Der Gorch-Fock-Park bei Finkenwerder ist der eine, von hier hat man einen superben Blick auf den Strom und kann den großen Schiffen beim Einlaufen zuschauen. Nummer zwei: der Rüschpark, nur ein paar Spaziergangminuten weiter. Von dort kann man sich die bei Airbus startenden und landenden Flugzeuge ansehen. Ein echt grüner Doppeltreffer!

Gorch-Fock-Park und Rüschpark
21129 Hamburg
Anfahrt: Hafenfähre 62 ab Landungsbrücken bis Finkenwerder bzw. Hafenfähre 64 ab Finkenwerder oder Teufelsbrück bis Rüschpark

53 Erleben
Finkenwerder

Tour zur Wiege der Stahlvögel

Faszination Flugzeug, mal von ganz Nahem erlebbar: Bei einer Führung im Airbuswerk Finkenwerder kann man sogar den A380 aus der Nähe bestaunen, den vierstrahligen Großraumflieger der Superlative. Genauso wie die kleinen Kumpanen des Flugzeugbauers bei einer zweieinhalbstündigen Werksführung (Mindestalter 14 Jahre). Hier erlebt man die Fertigung der Giganten vom Anfang bis zum Ende, da packt jeden das Fernweh. Den organisatorischen Teil der Führung übernimmt das Reisebüro Globetrotter, das sich vor dem Haupttor des Airbus-Geländes befindet.

Airbus Hamburg
Kreetslag 10
21129 Hamburg
Info (Ansageband): T. 040 74 37 39 75, Buchung: T. 0900 524 72 87 (49 Cent/pro Minute aus dem deutschen Festnetz, Mobil abweichend)
www.globe-tours.de/betriebsfuehrungen/airbus-werke.html
Anfahrt: Hafenfähre 62 ab Landungsbrücken oder Hafenfähre 64 ab Teufelsbrück bis Finkenwerder, dann Bus 146 oder 150 bis Airbus

54 Genießen
Altes Land/Cranz

Der älteste Gasthof Hamburgs

Hier eine leckere Scholle zu verputzen hat Historie, denn das Gasthaus Zur Post in Cranz im Alten Land ist laut Handelskammer die älteste in Familienbesitz gebliebene Gaststätte Hamburgs. Das sollen Dokumente aus dem Jahr 1724 belegen. In den gemütlichen Räumen und auf der Terrasse mit Blick auf die Este kann man auch heute noch toll lokales Essen genießen und dabei schön Boote gucken.

Gasthaus Zur Post
Estedeich 88
21129 Hamburg
T. 040 745 94 09
www.gasthaus-zur-post-cranz.de
Anfahrt: Bus 150 ab Altona bis Cranz Fähre oder mit der Fähre ab Blankenese

55 Entdecken
Altes Land/Neuenfelde

Eine schmuckvolle Kirche

St. Pankratius ist eine besonders hübsche Pfarrkirche, was unter anderem an ihrem Barockaltar und der Arp-Schnitger-Orgel liegt, die gerade restauriert wurde. Letztere ist aber natürlich vor allem für ihren Klang berühmt. Das malerische Umfeld tut sein Übriges: Die Altlän

der Bauernhäuser mit den Prunkpforten und die Obstblüte im Frühling sind immer einen Abstecher wert, Neuenfelde hat da einige Überraschungen in petto. Der beste Weg beginnt beim Parkplatz am Neuenfelder Hauptdeich am Estesperrwerk, von wo es auch freien Ausblick über die Elbe bis nach Blankenese gibt, mit der traditionsreichen Schiffswerft Pella Sietas im Rücken.

St. Pankratius Neuenfelde
Organistenweg 7
21129 Hamburg
T. 040 745 92 96
kirche-suederelbe.de/neuenfelde
Kirche geöffnet tgl. 9–16 Uhr, Neuenfelder Orgelmusiken: April bis Dezember am 1. Sonntag im Monat, 16.30 Uhr (Eintritt frei, Spenden am Ausgang)
Anfahrt: S3/S31 bis Neugraben, dann Bus 257 bis Arp-Schnitger-Stieg

56 Entdecken
Altes Land

Land voller Früchte

Mancher bezeichnet es als den Obstgarten Hamburgs, das Alte Land vor den Toren der Stadt, wo vor allem Äpfel geerntet werden. Hierher lohnt sich besonders ein Ausflug mit dem Drahtesel, mit dem sich Wege entlang blühender Bäume wunderbar erkunden lassen. Der Hamburger Bereich (Cranz/Neuenfelde/Francop) ist gut vom S-Bahnhof Neugraben aus ansteuerbar. Ideal loslegen kann man aber auch vom Anleger Finkenwerder, wohin man mit den Hafenfähren 62 ab Landungsbrücken oder 64 ab Teufelsbrück gelangt, oder vom Hafen in Cranz, wohin einen die Fähre von Blankenese bringt.

Tourismusverein Altes Land e.V.
Osterjork 10
21635 Jork (Kreis Stade)
T. 04162 91 47 55
www.tourismus-altesland.de

57 Entdecken
Neßsand

Wie einst Robinson Crusoe

Was sich dort gegenüber von Wittenbergen in der Elbe blicken lässt? Die lang gezogene Insel Neßsand und der damit verbundene Hanskalbsand, eine ebenfalls unbewohnte Insel. Nur ein Vogelschutzwart hält sich im Sommer hier dauerhaft auf. Es landet keine HVV-Fähre an, denn diese Kleinode stehen unter Naturschutz! Den nordwestlichen Strandabschnitt von Neßsand anzusteuern und sich dort aufzuhalten ist aber erlaubt, wenn auch nur für geübte Kanu- oder Kajakfahrer zu empfehlen.

Binneninsel Neßsand
21129 Hamburg

58 **Entdecken**
Neuwerk

Hamburg draußen im Meer

Zugegeben, diesen Teil der Stadt Hamburg können Sie nicht mit U- und S-Bahn erreichen, er hat nicht einmal echte Landanbindung. Die Insel Neuwerk liegt mitten im Wattenmeer, hat 44 Einwohner und gehört dennoch zu Hamburg – jedenfalls politisch. Am südwestlichen Ende der Elbmündung gelegen, hat sie einen historischen Leuchtturm aus dem Jahr 1310 zu bieten (Hamburgs ältestes Gebäude!), von dem aus man einen herrlichen Blick über die Insel und das Wattenmeer hat und in dem man sogar übernachten kann.

Insel Neuwerk
27499 Hamburg
www.leuchtturmneuwerk.de
Anfahrt: mit der Fähre ab Anleger Alte Liebe in Cuxhaven oder mit dem Wattwagen ab Cuxhaven-Sahlenburg

365 Tipps für einen schönen Tag in Hamburg

Hamburg querbeet

1 Erleben
U-Bahnlinie 3

Einfach stillsitzen und sich chauffieren lassen

Viele Hamburgbesucher wundert, dass die meisten S-Bahnen unterirdisch, die U-Bahnen dagegen oft überirdisch verkehren. Das hat klare Vorteile, denn mit der U3 auf ihrer malerischen Ringstrecke (seit 1913) lässt sich in 39 Minuten der Kern der Stadt umrunden – und zwar meistens eben überirdisch! Ob Hafen, Barmbek oder Eppendorf – hier gibt es einiges zu sehen.
Start z. B. bei Haltestelle Rathaus
www.hvv.de

2 Erleben
Unter Hamburg e.V

Was schlummert unter den Straßen?

Wo sich die U-Bahn wie ein Wurm durch Kanäle windet, da gibt es große Geschichten zu erleben. Ab in die Gruft, das Licht am Ende eines Tunnels suchen oder dem Geheimnis des Pestkellers von St. Pauli auf die Spur kommen – all das bietet der Verein Unter Hamburg. Denn der dokumentiert die von oben unsichtbare Geschichte unterirdischer Bauten und bietet Seminare und Führungen an. Beliebt sind Touren durch die rund 700 immer noch stehenden Bunker der Stadt.
Buchung: Unter Hamburg e.V, Tondernstraße 33a, 22049 Hamburg, T. 040 68 26 75 60
www.unter-hamburg.de

3 Erleben
BrainWalking

Ganz ohne Dr. Kawashima

Eine Runde laufen ist nicht unbedingt als intellektuelle Tätigkeit bekannt. Aber auch dafür gibt es in der Hansestadt Abhilfe, ganz ohne Gehirnjogging-Software. Beim BrainWalking werden Jenischpark, Stadtpark, Hirschpark und viele weitere mit Köpfchen erlaufen. Geschult werden dabei die Sinne mit verschiedenen kleinen Übungen, dazu gibt es Denksport mit Psychologin Stefanie Probst. Ihre Gäste erwartet eine Fitnesstour für den Körper und die kleinen grauen Zellen.
Anmeldung T. 040 27 80 75 97
www.mehr-ist-denkbar.de

4 Erleben
Wolfgang Borchert lesen

Warum Borchert wichtig ist

Das Nachkriegsdrama „Draußen vor der Tür" von Wolfgang Borchert (1921–1947) kennen viele aus der Schule, doch der Hamburger Autor hat in seiner kurzen Zeit auf der Erde noch viel mehr geschrieben. In seinem intensiven Gesamtwerk gibt es drei Texte mit den schlichten Titeln „Hamburg", „Billbrook" und „Elbe". „Das ist unser Wille zu sein: Hamburg!", heißt es darin unter anderem, und es ist ganz egal, wo in der Stadt Sie Borchert lesen – aber tun Sie es! Seine Zeilen stecken voller Wahrheit.
Wolfgang Borchert, Gesamtwerk (576 Seiten), rororo, Taschenbuch 12,99 Euro

5 Erleben
Buslinie 111

Mit der 111 ab durch die Mitte

Hamburgs wohl coolste Buslinie ist die 111. Die bietet eine echte Stadtrundfahrt für schmales Geld: Fischmarkt, St. Pauli, Hafen und HafenCity kann man mit ihr bequem mit einer Nahbereichskarte für 2,20 Euro entdecken. Sie verkehrt erst seit 2013 ab Bahnhof Altona über die Große Elbstraße, Reeperbahn, Davidstraße und Landungsbrücken vorbei an der Elbphilharmonie bis hin zum Überseequartier.
www.hvv.de

Register

Alle Fotos von Michael Zapf, Hamburg, außer:

Café Paris, Hamburg 14; Hamburger Abendblatt 13; Michael Batz, Hamburg 32 r.; Miniatur Wunderland, Hamburg 33; The George Hotel, Hamburg 45; Fotolia 47 u.,52, 76, 209; Konditorei Lindtner 54; Urs Kluyver 56, 61, 80, 118 l. + r., Café Lenonar 62; Empire Riverside Hotel 74; Elbgold 83; Mojo Club, Hamburg 90; Peter Brinkmann 93 r.; Wikimedia Commons: CC BY-SA 3.0 (San Andreas) 94, CC-BY 4.0 (Alexander Hoernigk) 106, CC BY-SA 3.0 (An-d) 131, (Gerhard Kemme) 154, (matzematik) 160, (Reinhard Kraasch) 161; Botanischer Garten Klein Flottbek 109; bpk Hamburger Kunsthalle/Elke Walford 113; Wildpark Eckholt 122; dos amigos restaurant consulting, Hamburg 124; Joachim Röhrich 125; Heiko Aping, Bremen 136 l.; Gernot Maaß 146; Gut Wulksfelde 147; Wildpark Schwarze Berge 199; Freilichtmuseum am Kiekeberg e.V. 200; Airbus Hamburg 206; Michael Drägerhof, Hamburger Unterwelten e.V. 212.
Cover: Fotolia o.l. + o.r.; Michael Zapf o.m.; Huber images o. großes Foto + u.l. + u.r; Urs Kluyver u. großes Foto + Isemarkt; Miniatur Wunderland u.r.u.; Ottmar Heinze u.r.o.

Alle Angabe in diesem Buch wurden gewissenhaft geprüft. Preise, Öffnungszeiten etc. können sich aber schnell ändern. Daher können Autoren und Verlag keine Gewähr für die Richtigkeit übernehmen.

Stand: September 2017

Für Anregungen, Berichtigungen und Ergänzungsvorschläge sind wir dankbar. Bitte senden Sie diese per Email an:
presse@ellert-richter.de

Der Verlag dankt allen, die uns für dieses Buch Bild- und Textmaterial zur Verfügung gestellt haben. Trotz aller Bemühungen ist es uns aber bei einigen wenigen Fotografien nicht gelungen , die Urheber zu ermitteln. Wir bitten diese, sich gegebenenfalls mit uns in Verbindung zu setzen.
Ein Teil der Tipps für dieses Buch basiert auf Texten, die uns freundlicherweise das Hamburger Abendblatt zur Verfügung gestellt hat.

Bibliografische Information der Deutschen Nationalbibliothek
Die Deutsche Nationalbibliothek verzeichnet diese Publikation in der Deutschen Nationalbibliografie; detaillierte bibliografische Daten sind im Internet über http://dnb.d-nb.de abrufbar.

ISBN 978-3-8319-0703-8
2. Auflage 2017

Redaktion: Michael Schock, Hamburg
Lektorat: Annette Krüger, Hamburg
Gestaltung: BrücknerAping, Büro für Gestaltung GbR, Bremen
Kartografie: Thamm Publishing und Service, Bosau
Gesamtherstellung: CPI books GmbH, Leck
www.ellert-richter.de
www.facebook.com/EllertRichterVerlag